# POLEMARIO

Carlos Díaz

DÍAZ HERNÁNDEZ, Carlos, *Polemario*, Edición al cuidado de G. Rueda, Editorial Ygriega, Madrid, 2024 240 pp. 16 X 16 cm. cubierta: Grafismo Y

**Papel: ISBN** 978-84-17666-86-6 **EAN:** 9788417666866

**Digital: ISBN** 978-84-17666-87-3 **EAN:** 9788417666873

**Depósito legal:** M-5921-2024

Una vez superados los gastos de producción, los derechos de autor correspondientes a este libro serán donados a *Cáritas*

**Información: editorialygriega@gmail.com**

**https://editorialy.blogspot.com/p/ed-y-novedades-catalogo.html**

Venta **DIGITAL**: LA CASA DEL LIBRO, EL CORTE INGLÉS y otras plataformas.

**PAPEL**: Los canales habituales en España y el resto del mundo. Además:

**Argentina** * MANDRAKE https://www.mandrakelibros.com.ar * OZONUM Mercado Libre - Argentina https://listado.mercadolibre.com.ar/

**Colombia** * LEMOINE EDITORES SAS www.librosyeditores.com * BIBLIOSTORE Colombia - Mercado Libre https://listado.mercadolibre.com.co/ * LIBRERIA DE LA U www.libreriadelau.com

**Chile** *BIBLIOSTORE CHILE - Mercado Libre https://www.mercadolibre.cl/

**Ecuador** * POWER STORE BOOKS www.powerstorebooks.com * THE BOOKS LINK www.thebookslink.com

**Méjico** * BIBLIOSTORE México-Mercado Libre https://www.mercadolibre.com.mx/ * LibreríasGANDHI www.gandhi.com.mx/ * Librerías GONWIL www.gonvill.com.mx

**Perú** * ALEPH IBD (Mercado Libre) https://listado.mercadolibre.com.pe/ * Librería SBS https://www.sbs.com.pe

**Uruguay** * MERCADOLIBROS.uy (Mercado-Libre-Uruguay) https://mercadolibros.uy/ * PALACIO DEL LIBRO S.A. www.libreriapocho.com.uy

# POLEMARIO

*"Cuanto más viejo se hace uno, tanto más crece en él la inclinación a agradecer. Ante todo, agradecimiento hacia arriba. Ahora, más de lo que nunca hubiera sido posible anteriormente, la vida se recibe como un don gratuito, y cada hora que se vive se recibe como un regalo sorprendente, con las manos extendidas en agradecimiento. Después, agradecimiento una y otra vez a cada uno de los prójimos, aunque ellos no hayan hecho nada particular por uno. ¿Por qué, pues? Porque, cuando me encontró, me encontró realmente; porque abrió los ojos y no me confundió con ningún otro; porque abrió sus orejas y aceptó confiadamente lo que yo le decía; y porque abrió aquello a lo que realmente uno se dirigía. Las gracias que aquí doy a todos no las doy a una totalidad, sino a cada uno en particular"*. *Danksagung* escrita por Martín Buber a la caída de su tarde en 1958.

Con ese mismo sentimiento agradezco en el alma a estos amigos que me han ayudado económicamente a publicar ocho libros inéditos, que aparecerán sucesivamente, siendo éste el segundo.

**Encarna Ayuso,
María Ángeles G. Noblejas y Antonio,
José Hermógenes Martín,
Jesús Conill y A Adela Cortina,
Benito Estrella
Florián Calvo,
Mariano Álvarez,
Pepe Medina,
Manuel Pecellín,
Benito Peral,
Jesús Morales,
Carlos Eymar,
Jesús Ramón Jiménez,
Ramón Horcajada,
José Ángel Gimeno,
Miguel Ángel Álvarez,
Asociación Asís,
Anna Duart y Pedro,
Juan Ramón Calo,
Antonio Piñas,
Fernando Bandrés
y Emmanuel Buch.**

# ÍNDICE

# PRÓLOGO SOBRE LA ÉTICA DE LA GRATUIDAD DE MI MAESTRO CARLOS DÍAZ

## Ángel Urrea

Uno de los libros más conocidos de Carlos Díaz, editado en 1980, se denominó *Contra Prometeo. Una contraposición entre ética autocéntrica y ética de la gratuidad*, luego traducido y comentado en Italia, como tuve ocasión de comprobar yo mismo durante mi estancia en Roma. Se trata de un asunto axial cuya actualidad no sólo no ha caído en desuso, sino que además sigue siendo todavía hoy la cuestión más radical, tanto que de vez en cuando lo he releído, y por eso puedo aventurarme a opinar del modo en que lo hago.

Ya para entonces mi maestro, al cual llegué de casualidad desde otros estudios, se había convertido en un personaje cuya vida ha consistido invariablemente en negar la falsa negación, algo que luego repensó desde la filosofía de Hegel en numerosos libros. Sin moverse un milímetro, la misma dinámica puede comprobarse todavía hoy en su propia autobiografía recientemente editada, *Memorias de un escritor transfronterizo,* un prodigio literario que retrata a los "intelectuales bonitos" europeos como se merecen. A quienes le hemos seguido tantos años no puede sino emocionarnos ver que nuestro autor sigue hablando como escribe y escribiendo como habla, sin que lo leído nos aparte de lo vivido.

Este *Polemario* es de momento la última manifestación de su condición de escritor; no es que su autor haya dejado la filosofía difícil por la literatura fácil, lo que ocurre es que desde hace años hace filosofía con una extraordinaria densidad literaria, al mismo tiempo culterana y conceptista, cansado de haberse comido su propio estilo en favor de los lectores menos preparados, los cuales, malos pagadores, casi siempre preferían quejarse de cualquier dificultad en lo leído, antes que tomar el diccionario para disipar alguna duda. Préstame un pan, llévamelo a mi casa y deglútemelo, y ahora vete.

Vender humo es fácil, por eso nuestras casas de estudios académicos huelen a ruinas calcinadas donde se arrojan trastos inservibles; en esto del estudio, comprar humo es tan fácil como venderlo, pues se ha convertido en moneda de circulación corriente. La dificultad que algunos subrayan en el magisterio del doctor Carlos Díaz, aunque no tanto en sus discursos ni en sus clases presenciales, está sobre todo en su inverosimilitud, pues no parece verdad lo que nos propone, a fuer de inusual, de extravagante y de sincero. No es de extrañar, por tanto, que esa su quijotesca riqueza le cueste cara, pues no puede venderla por falta de compradores lectores cuyos oídos no están lo bastante preparados para inteligir lo que se les viene encima.

Nuestro autor, mi maestro sobre todo, tiene por el mundo más admiradores que discípulos, como lo sabemos en Latinoamérica, pero eso es por su personalidad, por la originalidad de su chispa incendiaria, "qué cosas se le ocurren a este don Carlos". Para mí, que tuve la fortuna de leerle desde su primer libro, *Personalismo obrero, presencia viva de Mounier* (1969), fecha en que apenas se afeitaba, este singular personaje que es mi maestro se convirtió desde entonces en alguien a quien yo tenía que mirar forzosamente, porque iba adelante y no se callaba. Desde entonces se convirtió para mí en un regalo existencial impagable por partida doble: porque ni yo podría enjugar lo que le debo, ni él vender lo que me ofrece. Si me obligaran a definirlo, diría sumariamente que no tiene más remedio que regalarse porque no habría ningún otro modo de pagarlo. A mis propios alumnos se lo presento diciendo que me gustaría ser la joya de su corona, la de un filósofo gratuito pero no superfluo. Carlos Díaz no ha querido, sabido o podido aprender a venderse en ninguna fábrica de bombos mutuos, ni a conducir camiones voluminosos, de esos que necesitan hacer sonar sus sirenas y alarmas cada vez que reculan marcha atrás para no matar a nadie de aburrimiento. Y, a tenor de lo que he leído en este su *Polemario* me parece que tampoco está dispuesto a ello.

Tengo hasta este mismo momento, curiosamente, ciento noventa y nueve libros del profesor Díaz, y la siempre sorprendente astucia de la razón ha querido convertirme en prologuista de lo que para mí es el número doscientos. Siento pesar por no tener hasta el último de sus libros, pues no resulta fácil seguir la pista a las editoriales pequeñas en las que publica, y nada me gustaría más que ser su albacea literario para acondicionar una biblioteca a su nombre, si es que no hay quienes tengan más títulos que yo mismo para hacerlo, dada mi condición de simple soldado de a pie en la infantería del estudio.

Tampoco podría soportar como si nada que los sesenta archivos que duermen en su casa de Burgos con innumerables recensiones de prensa y comentarios bibliográficos, en los cuales se va desplegando su aportación reflexiva a la evolución del último pensamiento español y europeo, queden sometidos a la crítica roedora de los ratones, como a él mismo le oí decir remedando la célebre frase de Marx, a cuya lectura y traducción también ha dedicado muchas horas, aunque ya nadie lo recuerde.

Latinoamérica, gracias precisamente a la recomendación de Carlos Díaz, algo que tampoco podré pagar nunca, es hoy mi patria. Aquí lo que gusta de él es su capacidad para sorprender, para sobre-saltar, para romper, para cambiar de marcha sin perder la brújula. Hay que saber seguirle. Desde su enorme formación pluridisciplinar, siempre tiene un muelle, un resorte, una bengala a punto de hacer aparecer intempestivamente. Como futbolista hubiera sido un buen regateador, y como bailador de chotis no se movería del ladrillo. Pero algo nuevo aportaría incluso sin moverse un milímetro, de eso nunca me ha cabido duda, pues es un micró/macrólogo. A mí, lo confieso, eso es precisamente lo que más me gusta.

Eso, y su irónica capacidad para sacar punta a todo. No hay vez que no me deje impresionado por su ingenio rápido y por su arte de engarzar cualquier idea sobre cualquier temática de la cotidianidad. La verdad es que siempre me sorprende con tan profundas y divertidas reflexiones a pesar de tantos pesares. En fin, que burla-burlando, querido maestro, te ríes hasta de tu sombra. A veces, maestro, se te va la pluma y la conviertes en punzón, pero ¿acaso no está el mundo para ser sajado y operado? La forma en que a ti te duele el mundo y la manera en que lo afrontas son casi inigualables en la literatura contemporánea. Tu escritura es una cuerda tensada, en uno de cuyos extremos está el amor y en otro el dolor. No me extraña que hayas sido nombrado *doctor doloris causa*, pues necesitas una comunidad de dolientes dispuestos a bajar a los infiernos para dejarte resucitar de entre los muertos, como tantas veces nos has dicho. Y todo eso para dejarte resucitar y ayudar a resucitar lo muerto que hay en la vida. Tu paso de la filosofía y la literatura al inframundo del sufrimiento se ha convertido en tanatología. A decir verdad no me sorprende esa desembocadura tuya desde hace años en la terapia activa, que es el último paso del desarrollo sanador que comenzó Sócrates tratando de sacar al esclavo de la caverna, según me enseñaste. No te imagino, maestro, sin la terapia de tus abrazos, de los cuales yo mismo he tenido la dicha de ser beneficiario.

Sabemos que no posees escuela oficial, ni campus interactivo donde caer muerto, que enseñas en cualquier sitio hasta que te arrumba el sueño, que no tienes la posibilidad de dar becas académicas ni de formar grupos de doctorandos y, como ya apenas sin los amigos puedes publicar, permite mi bendición. Bendito seas.

Ángel Urrea
Catedrático emérito de Antropología filosófica.
Universidad de los Andes, Venezuela.

# POLEMARIO

# Vilichumbito de papagaya/ lastirilinga de miñantay/ trabuquilindo, lindo, lindoli/ la papagaya de muanday

*Pro/ logos* es un escrito o discurso en favor de la razón en tensión con su propia sinrazón o *antí/ logon*: "¡cómo envidio la pasión del intransigente!, ¡cómo envidio al que no quiere comprender a los demás a cualquier precio, ni al suyo mismo!, ¡quién pudiera darse el lujo de encerrarse a cal y canto y lodo!, ¡quién fuera fanático, ciego a los demás!, ¡qué tranquilidad, qué sosiego, qué descanso! Pero mía es la intranquilidad, la certeza de la duda, el temblor, el miedo, el sueño", escribió Max Aub a quien admiro por su frase "se es de donde se ha hecho el bachillerato". ¿Quién en algún momento de su vida, en las cárceles y en los campos de concentración, no tuvo la tentación de mandar a todos al carajo, "no le cuente sus penas a los amigos, que les divierta su puta madre"?

Algunas de mis polémicas desconciertan y los más enfadados con mi ignorancia, simplismo, facilismo y torpeza me devalúan como *polémico*, o me evaporan. Cuando algún matalauva me pregunta si mi actual bola de grasa soy yo, respondo: "más que yo, lo que queda de él". Esta defensa lastimera me sale bien.

Como polemista de culo y cuesta arriba, ellos cinco y nosotros ocho, yo que era el más fuerte me lancé al más flojo, si no me lo quitan me saca los ojos. Pese a tantos molimientos, no he hincado aún la rodilla contra el eventual manteo en las peores fondas del camino por arrieros de tercera federación. Antes me pagaban por *dis*putar, ahora he perdido el *dis*, pero al rosicler del alba ya estoy en la brecha *con tan sólo apretar una tecla* de mi ordenador.

Si mi polemista es un primer espada y me permite batirme el cobre con él hasta entrada la madrugada, quedo dispuesto a entregarle la plaza una vez derrotado para irme luego con él al pasadizo de san Ginés a tomar un chocolate. ¡La de estocadas limpias y estoconazos bajeros con que habré vuelto a mi palomar! Aún voy de retador, aunque regrese con las tripas en la mano.

A estas alturas no pido explicaciones cuando se me ataca sin la vergüenza ni el pudor de los caballeros como lo hace en una novelita suya *cuius nominis non volo calentare cascos* don Fernando Fernández Savater donde aparece un pequeño personaje al que denomina *anarco/comehostias* y que al parecer tengo el honor de ser yo mismo, según ha desvelado al fin la inevitable investigadora californiana Nancy. Soy el denostado caballero del verde gabán que se atrevió a decir "vuelva usted mañana" (por septiembre) al don Fernando Fénix de los Ingenios, al que suspendimos en la materia de Teoría del Conocimiento —en su caso Teoría y Práctica del

Desconocimiento- en la Facultad de Filosofía de la Complutense. Ya ven qué forma tan gloriosa de pasar a la historia desde el ostiariado (¡de *ostia*, puerta!) al lectorado sin acolitado.

Pero qué orgullo, no todos los días le embiste a uno un camión de veinte ejes; lo más aparatoso que me ha ocurrido fue que, viniendo a galope a subirse su mula sobre mi acera, aquel gitano me atropelló, aunque tuvo la delicadeza de exclamar desde lo alto: *"¡se m'asbocao!"*. Yo, ante tan fina disculpa, y fiel a la consigna "a mulo desbocao no le mires el diente", no fuere que al jinete le diese por apearse y romperme los míos, retrocedí sobre mi propia grupa sin rechistar. Es justo: pese a todo, también yo doy mis coces de cuando en cuando cual caballo desbocao, aunque entre bomberos nos pisemos la manguera.

En otros tiempos, este contreras que fuera yo mismo echaba pie en tierra para así imponer mi propia ley adarga en ristre, pero ahora menos lobos. España se ha convertido en un *polemódromo* judicializado, así que aquí paz y después gloria; a duras penas estoy para alancear molinos, y menos aún para polemizar con cualquier desbocao. Como dijera Gregorio Marañón, "nada hay más desagradable que esos sabios envidiosos que viven en perpetuo acecho de los tropiezos de los demás y, entre ellos, en permanente rivalidad de plazuela".

"Si estuviese solo en el mundo, escribía Pedro José Proudhon, más que hacer monólogos, hablaría con mi sombrero, tanto horror tengo por los soliloquios". Ay, querido amigo, ahí te has caído con todo el equipo, ¿desde cuándo no están los otros en el yo con que tú polemizas? Así que vámonos a caminar de nuevo por los cerros de Úbeda y por los campos de Montiel aunque cojitranco de mis patas artríticas, pero sin que las magulladuras ni los ayes me amedrenten.

*Polemizo, luego existo*, pero tú tranquilo, En 1328. Guillermo de Ockham, docente en la Universidad de Oxford, requerido por el Pontífice para aclarar ciertas proposiciones teológicas suyas contrarias a las de santo Tomás, busca refugio y protección en el excomulgado Emperador Luis de Baviera, enemigo del Papa. Guillermo se postra a sus pies: *Imperator, tu me defendas gladio, ego te defendam calamo*, Emperador, defiéndeme tú con la espada y yo te defenderé con la pluma. El barroco suele marearnos a los grumetes más que el olor a incienso o que el bebedizo de la madre Celestina. Ockham tenía una esgrima rápida, incisiva, técnica. Contrario al barroquismo del circunloquio, no tenía enemigo, tantas estocadas, tantas historias.. Así fue acabando la hojarasca de la recargada filosofía tomista para dejar el terreno expedito a la filosofía moderna. *Non sunt ponenda plura ubi sufficiant pauciora*, decía: no hay que enrollarse mucho cuando basta con menos argumentos. Era subir al ring y con dos guantazos se acababa la palea, K.O. fulminante su O.K era el K.O.

*Bonum si breve bis bonum*, no muchas palabras sino mucho decir, *non multa sed multum*. La modestia de la estatua es el busto. Bien las muchas citas y alusiones a sabios de todas las épocas, pero mejor las concisas y escuetas, mejor palabra en mano que ciento volando. Ambos, el culterano recargado y el conceptista tonsurado, limpio como raspa de sardina roída por el *Piyayo* de José Carlos de Luna, que tanto gustaba recitar mi padre, laten desde entonces en el corazón de mi pluma: "¿tú conoces al Piyayo,/ un viejecillo renegro, reseco y chicuelo;/ la mirada de gallo/ pendenciero/ y hocico de raposo/ tiñoso/ que pide limosna por tangos/ y maldice cantando fandangos gangosos?/ ¡A chufla lo toma la gente/ y a mí me da pena/ y me causa un respeto imponente!".

La tinta del tintero culterano rezuma borrones sobre la página que hubiera querido ser impoluta; el *cálamo currente* conceptista también dificulta la inteligibilidad de la escritura por su abstracto eidetismo. El culteranismo ahoga por plétora, el conceptismo por escasez. A no confundir con la cultura *flash* de los *fast thinkers,* pensadores instantáneos con sus hermenéuticas locas, sus ocurrencias de salón vip sus ensayitos fragmentarios[1]. Este libro no es un recuelo de artículos, cada artículo es un recuelo de libros, y yo un recuelo de recuelos. Alfonso Reyes hubiera llamado a estas páginas *jitanjáforas,* poemas sin significado: *"Vilichumbito de papagaya/ lastirilinga de miñantay/ trabuquilindo, lindo, lindoli/ la papagaya de muanday"*

---

[1] Marina, J-A: *Crónicas de la ultramodernidad.* Editorial Anagrama, Barcelona, 2000, p. 57.

## ¿Por qué preparar la paz para la Tercera Polemós mundial?

Aunque entre la primera y la segunda guerra mundial transcurrió tan escaso tiempo, nadie hubiera creído tan cercana la tercera. Más vigilantes y vigiladas que nunca, hasta las fronteras se volvieron trincheras contra los virus trans/trincherizos y trans/fronterizos[2]. Ya de nada servían las guerras limpias, sin bayonetas caladas chorreando la sangre de las tripas y las tropas del enemigo. Como si la muerte misma no fuera el máximo exilio, la total lejanía.

Ahora corren otros tiempos, cada bunker amenazado por su dron. Hay que agazaparse y exponer lo menos posible el cuerpo, pues las enemigas ráfagas asesinas no dejan de buscar tu bulto. Faltaban armas defensivas y ofensivas en este casi inaugurado tercer conflicto mundial, pero la mayoría de los contendientes ha logrado hacer acopio suficiente de su *overkilling capacity* o capacidad para matar de sobra. Lo peor es su invisibilidad. En las guerras de antes veíamos desplazarse a las huestes contrarias y se les podía ametrallar con

---

[2] Cfr. Díaz, C: *Memorias de un escritor transfronterizo*. Editorial Mounier, Madrid, 2020.

plomo nutrido; yo mismo hubiera podido hacerlo con mi sable de alférez de complemento arengando a mis subtenientes, sargentos, brigadas, cabos, cabos primeros y soldados. Ahora ya casi no hace falta a dónde apuntar por cuenta propia, pues soldados inmóviles tabletean ciegos con sus teléfonos móviles. Como en el Macbeth de Shakespeare, "por el cosquilleo de mis pulgares, algo maligno viene hacia mí".

Todas esas cosas han quedado obsoletas en las nuevas guerras víricas. De vez en cuando una rápida salida al campo de batalla con la sola protección de una mascarilla de papel para comprar alimentos y dar a los perros lo que es de los perros. Pero la seguridad es dudosa, pues el enemigo no da la cara. Los drones, ángeles malos, se cuelan en nuestro dormitorio apenas conciliado el primer sueño y quien a dron mata a superdrón ha de morir. Hasta el enterrador palidece porque el contagio inmisericorde tumba sus defensas de guantes y escafandras, y perfora los pulmones. Los sepultureros ya no juegan con las calaveras, el muerto es campo de minas.

Para los tiempos de "paz" los jóvenes acostumbrados a la desolación seguirán opositando a viejos como si nada fuera con ellos. Y, como no hay virus malo que por bien no venga, cuantos más viejos al hoyo tantos más empleos nuevos y más ahorro para la seguridad social, que ya no puede con tanto leño reseco.

¿Y después qué? Pues nada después del después, hombre. Al final la naturaleza es sabia, y la crisis catártica. Muerto el perro se acabó la rabia, así que no hagamos preguntas engorrosas. Comamos y bebamos, que mañana moriremos. ¿Y después qué? Pregunta que muere pronto al desconectarse sus sintagmas: Y. Después. Qué. Así que, si no te mata la tercera, prepárate para la cuarta ola de exterminio, ahora las crisis vienen a cada rato. Igual te encuentras allí con Mambrú, que fue a la guerra y nadie sabe cuándo vendrá.

Existen tres conductas polémicas: la de quienes llevan el agua a su molino, la de quienes se llevan el gato al agua, y la de quienes sólo ponen el cascabel a su gato porque le quieren mucho, ¿ven ustedes muchas diferencias? Ante tamañas circunstancias, una sociedad que no asegura los derechos para todos, por lo menos que asegure los de los animalitos.

¿Valdrán al menos todas estas tragedias para algo bueno a quienes no se contenten con no ser sino nada? Bueno, por lo menos tenemos a nuestras mascotas para sacarlas de paseo en carrito de bebé. Tal como van las cosas, cada vez parece más lógica la muerte del perro por un dron asesino. Como dijo Sánchez Ferlosio, oír "países en vías de desarrollo" suena tan ridículamente deshonesto como oír llamar a los parados "trabajadores en víspera de empleo".

En la Edad Media el 98% de los ciudadanos creía en las

brujas, y el 2% en la razón, ¿quién se atrevería hoy a decir que los primeros no tuvieron toda la razón? En el país de Descartes, después de tanto *cogito ergo sum*. Hoy el 51% de los parisinos consulta al mago y los horóscopos[3]. En sus *Memorias de Adriano* decía Margarette de Yourcenar que hoy vivimos una época en la que los dioses paganos no se han ido y el Dios cristiano todavía no ha llegado.

---

[3] Cfr. el fino anecdotario del uruguayo Gerardo Mendive, *Breverías españolas*. Editorial Ygriega, Madrid, 2023.

## Si quieres paz no prepares ninguna guerra, ni universal, ni particular, ni singular

Aun siendo entre los filósofos libertarios el que menos me gusta, del pionero Pedro José Proudhon me encanta su *destruam et aedificabo*, *destruiré y edificaré*, tanto que lo desearía como *motto* de este libro. A la menguada sustancia de mi sabia nunca le faltó el *destruam* sin el ulterior *aedificabo*; al derruir los cimientos gaseosos ajenos agradezco que los demás destruyan los míos para construir más sólidamente. Cuando alguien derriba mi casita de paja y alza otra más habitable lo celebro.

Como polemista, me espolea cuanto me displace fuera y dentro, ya que a este mundo se viene llorado tras la primera llantina del parto. Pío Baroja atribuye a Fermín Salvoechea, el *ateo santo* (paradoja a la vista), estas palabras: "todas las dignidades y profesiones del presente habían de desaparecer. Quedarían suprimidos los sacerdotes, los guerreros, los políticos, los abogados. -¿Y los médicos? -Los médicos también, porque el día en que triunfe nuestra revolución se acabarán las enfermedades, porque las que ahora existen son por haber hecho ostentación de la riqueza comiendo más de lo que necesita el organismo, o por comer menos de lo que exige el sostenimiento de su vida. La nueva sociedad, repartiendo equitativamente los medios de subsistencia, equilibrará la vida suprimiendo las enfermedades"[4]. Ya hay demasiado mal en el mundo, así que seamos realistas haciendo lo imposible.

Siglo tras siglo la así llamada "humanidad" acumuló escombros sobre escombros, sin nada reconstruir. Primero fue el tridimensional *estadio teo/céntrico* del *santo* (Abraham). Después, el bidimensional *teo/antropocéntrico renacentista* (Renacimiento, Reforma, Ilustración). Más tarde, el mono/dimensional *antropo/céntrico del héroe* (1789-1989). Y por ahora estamos en el estadio a/dimensional *pos/céntrico* de Narciso. Si en el paso de Abraham (el santo) al Héroe Rojo (militante) se pierde la dimensión *teológica*, en el del *Héroe Rojo al Narciso* egocéntrico se pierde la dimensión *antropológica*[5].

De semejantes hemorragias vividas por España en menos de un siglo brota su vértigo neurótico de hormigas alocadas cuando alguien destruye su hormiguero, la hecatombe: "Dios ha muerto, el hombre ha muerto y yo no me encuentro nada bien". Es el fin de todas las historias de la historia y de todas las religiones de la religión, la muerte de Dios y la del hombre, dos por el precio de una,

---

[4] Ibáñez, B: *La bodega*. Editorial Plaza y Janés, Barcelona, 1979, pp. 9-10.
[5] Díaz, C: *Historia de la filosofía*. Dos volúmenes. Editorial Sinergia, Guatemala, 2018.

apocalíptica extinción del Valle de Lágrimas sin el optimismo de paraísos en la tierra con urinarios de oro como los prometidos por Lenin. Aunque el ateo Ludwig Feuerbach suplantó el celeste "Dios es amor"[6] por el terrestre "el amor es Dios", fue el mayor error de cálculo de la historia, el estructuralista Monsieur Foucault lo celebra como si le hubiera tocado el gordo de la lotería: "el hombre está para morir en breve, para borrarse como un rostro dibujado en la arena de la playa". Cuánto ha debido de sufrir este buen hombre.

Ahora bien, si el progreso de la humanidad no está en el cielo ni en la tierra, ni en el fondo del mar matarile, ni se lo han comido los ratones, ¿estará acaso el futuro trans/antropológico del hombre de silicio lo más lejos posible de la Tierra sin el dedo en el gatillo? La gente sencilla quiere vivir feliz, pero se le recomienda abandonar toda esperanza a las puertas del infierno y no caminar con sus pies uno encima del otro sin dar palos de ciego cada vez más ciegos.

En cuanto al universo de ideas, electroencefalograma plano. A los comunistas rojos les han sucedido los comunistas pijos; a los comunistas pijos, los payasos sin biografía; a los payasos sin biografía, los micro/fascistas de papá y de Armani. A la teología respetable le han sucedido los catecismos *woke*; a la seriedad con las cosas el cachondeito con los clásicos: si Cervantes era manco y escribía con

---

[6] 1 Cor, 13.

los pies, escribamos nosotros con los cojones cual corresponde a modorros costumbristas de calderilla, como si Homero u Ovidio no hubiesen fichado esta mañana en la oficina de la sabiduría…

## Tanto en paz como en guerra, sin orden ni concierto

En el recinto de la cárcel organizaban los presos cursos de alfabetización, conferencias y debates para elevar el nivel de los militantes. Cualquier tertulia en los cafés, reuniones, mítines, grupos de teatro, ateneos populares, o lecturas en voz alta de los periódicos eran su universidad. Todo era bueno para crear opinión y propagar su ideal. La sed de aprender y la lucha contra la ignorancia resultaban imprescindibles para la emancipación del proletariado, que no se limitaba a reivindicar cuestiones políticas y económicas. Cipriano Mera se formó para subvertir el desorden establecido y que -como albañil revolucionario e ilustrado que era- le valió la aplicación de la ley de vagos y maleantes. Cualquier obrero sobre el andamio podía ser condenado por ella, promulgada por vagos y maleantes.

Pese a tanto y tan benemérito esfuerzo proletario por salir del analfabetismo desde la I Internacional de Trabajadores, Sagasta se refería al anarquismo español como "utopía filosofal del crimen" y Azaña, ¡toda una hazaña!, como "organización de bandidos con carnet". Para los "obreros conscientes", sin embargo, la cultura era fin y medio; fin, por su valor de humanización, medio por su condición de "gimnasia revolucionaria", antítesis de los gimnasios para narcisismos musculares.

Cuando Mera, tras largos años de cárcel, quedó libre, volvió al andamio. Muchos jóvenes solteros comían gratis en los restaurantes populares y pagaban con trabajos realizados en las cocinas, u obtenían crédito a pagar "cuando acabase la huelga", siendo sostenidas las familias de los obreros por modestos tenderos de barrio, que abrían cuentas interminables a saldar cuando el conflicto terminase. En aquel clima, mientras, el primer ministro de la República, Casares Quiroga, respondía chistosillo a quienes le advirtieron de la sublevación del ejército: "¿se van a levantar los militares? Muy bien, pues yo me voy a acostar". Esta haraganería de los prebostes chocaba con la actividad febril de los barricadistas y campesinos, que labraban las tierras de sol a sol.

Cipriano Mera estuvo en la calle el día 19 de julio a las seis de la tarde con un fusil máuser en la mano. Salvo excepciones como la de mi admirado don Julián Besteiro[7], que se quedó hasta el final de la guerra en España para morir como "rompeolas de las dos Españas", las verbalistas clases dirigentes huyeron cagando leches. La ultra/revolucionaria ministra de sanidad Federica Montseny, que gritaba "no pasarán" a las tropas de Franco, huyó de la quema antes

---

[7] Cfr. Díaz, C: *Besteiro, el socialismo en libertad*. Editorial Silos, Valladolid, 1975.

de que los franquistas tomaran Madrid mientras los obreros que no pudieron escapar de la represión eran "purificados" por los vencedores, o fueron a dar en los horrendos campos de concentración franceses. Los pobres no son santos, pero siempre han sido mucho mejores que los ricos. Cuanto más ricos más malos, cuanto mayor el escarabajo pelotero mayor su bola. Profeso igual desafecto para los pobres enriquecidos que para los izquierdistas que okuparon las poltronas administrativas.

Pero, aunque los anarquistas fueron valientes y generosos, y eso no está en cuestión, vivían acostumbrados al caos como camino hacia la perfección. Si se daba la orden de avanzar, cada uno lo hacía como le parecía y, tras ocupar la cota propuesta, regresaban al pueblo cercano sin atender a la conservación de las posiciones conquistadas, ya volverían. ¿Hacer parapetos para protegerse de las balas enemigas? ¡Jamás! "¡Somos de la FAI y no necesitamos parapetos!". Tal era su concepto de la guerra. Pese a su heroísmo y arrojo, repelidos por el enemigo y con gran número de bajas, aquellos milicianos se lanzaban sin estrategia ni táctica en tropel contra el enemigo ofreciéndole excelentes blancos. Gastando centenares de balas intentando derribar a los aviones con fusiles, únicamente conseguían revelar su propia posición, y no apartándose de las carreteras cualquier avión con ametralladora podía acabar con toda una columna. También resultaba misión impensable que formaran una fila; si a uno no le parecía bien una orden, se salía de ella y discutía en voz alta con el oficial que se la había dado. Los extranjeros que tuvieron la oportunidad de ver de cerca la guerra española se quedaban atónitos por la informalidad y desorganización general reinantes. Georges Orwell, combatiente en el frente de Aragón, se exasperaba por lo que llama "enloquecedora falta de puntualidad de los españoles", pues la única palabra que los extranjeros conocieron a la perfección era la de *mañana*. Desde una comida hasta una batalla, todo tenía lugar fuera del momento previsto. Cuando Orwell, hospitalizado en Lérida, mejoró de sus heridas, le notificaron que sería trasladado a Barcelona. Una vez montado en el tren hacia la ciudad condal, se enteró de que el maquinista había cambiado de opinión y que se dirigía a Tarragona: "muy español", pensó. Muy español le pareció también que consintieran que el tren le esperara a que mandara un telegrama a su mujer para que conociera el cambio de destino. Pero lo más español de todo fue que el telegrama no llegó[8].

Aún me desespero con el famoso *ahorita,* ese "quién sabe cuándo" que sustituye al *ahora.* Nuestros invasores romanos usaban *cras* para decir *mañana*; de invasor en invasor los españoles hemos transmitido a Latinoamérica el verbo *pro/cras/tinar*, dejar para mañana *(pro cras tenere),* ese infausto *ahorita* que sustituye y falsea al *ahora.* De oca en oca y tiro porque ahorita me toca.

---

[8] Cfr. el excelente libro de Javier Marijuán y Ana María Cuevas, *Cipriano Mera.* Editorial Mounier, Madrid, 2023.

## Tucídides

Afirmaba Xavier Zubiri que los griegos somos nosotros, frase hermosa que no se me ha borrado desde entonces, primer curso de filosofía. Se dice, aunque yo no lo he visto en sus escritos, que Tucídides (junto con Herodoto, el inventor de la historia de los dioses y con Jenofonte, el creador de la historia de los hombres) anunció que las guerras surgen cuando un país en auge quiere dejar atrás a otro en declive sin que éste lo acepte, pez gordo come a pez chico. Háyalo dicho o no Tucídides, lo impepinable es que eso dista mucho de no poder repetirse. Cuando los países comienzan a ser demasiado grandes para convertirse en imperios su gente empequeñece.

Los griegos se burlaban de los "bárbaros" porque los idiomas de estos pueblos así llamados les resultaban ininteligibles, *tartamudos atascados* en su *bar/bar/bar*. El orgullo de los imperios, incluso el de sus filósofos, no soporta la igualdad: nosotros más, vosotros menos, ellos nada.

Traducir *animal político* por *animal social*, como lo hizo Julián Marías, es incorrecto; los animales se asocian, son sociales, pero las personas hacen política. Los griegos no fueron animales amistosos, sino invasores. Para los israelitas, pese a su ancestral historia exódica y exílica, resulta ofensivo liberar a un israelí por un palestino, pues los judíos son raza sagrada superior: impensable que un palestino sea canjeado por un israelí. Tampoco sus valedores imperiales de barras y estrellas pueden albergar la idea de que China pueda superarlos, eso les parece inconcebible. Sin embargo, si los Estados Unidos de Norteamérica fueran una empresa, podría decirse que, en los años inmediatamente posteriores a la II Guerra Mundial, facturaban el 50% del mercado económico mundial, en 1980 tan sólo el 22% y la cuota estadounidense ha bajado al 16% después de tres décadas de crecimiento superior al 10% en China. Tampoco ésta se queda corta en su imperialismo dictatorial sin sordina después de haber pasado de representar el 2% de la economía mundial en 1980 al 18% en 2016, y al 20% en 2022. ¿Quién bajará de su Bucéfalo imperial a este pueblo esquizofrénico por disociar realidad y fantasía? Te cagaste, Burt Lancaster, si no aplaudes las masacres de sus cañoneras.

El problema es que a mí, sin sueños de imperio, no quiero que me pase lo mismo. Quien pone el primer pie en el suelo de un país debe arrodillarse con el segundo pie. En México no me sentí acogido por el gran imperio de Moctezuma, sino por los indígenas a los cuales él había masacrado. No los 'indianos' que hacían las Américas, sino los indios, los indígenas me enseñaron a *sentipensar*, cuyo umbral continúo sin traspasar apenas principiante.

## La guerra vírica

Mezclados en nuestras frágiles cabezas y extendidos por todo nuestro cuerpo acampan los virus. Ahí están contribuyendo atropelladamente a formar nuestros halos de emociones y significados descontrolados. Aunque no den la cara son el polvorín de nuestros estallidos y la fragua de nuestros soldados. A modo de ejército indisciplinado corren por nuestras venas y arterias en pie de guerra, auténticos complotadores. Si pudiésemos echárnoslos en cara nos aterrarían su horrible rostro y sus interminables guerras de guerrillas, una *kale borroka* que ataca en cualquier recodo de cualquier calleja oscura.

Todos los virus son imperialistas y calumniosos "el coronavirus se ha hecho madrileño y por eso ha atacado sobre todo a Cataluña y a Euskadi", dicen los epidemiólogos separatistas mejor informados. No buscan la paz, sino el supremacismo con sus coches bomba y sus tiros en la nuca llevándose tu vida ante tu viuda.

Pese a todo, pese a su mutante imprevisibilidad, pese a que

matan al gato de Schrödinger con tiros de *"pacos"* cuya procedencia siempre resulta ilocalizable, lo curioso es que algunos sabios - Rubinstein y Leontiev durante la "mejor" época del marxismo- negaban a los virus su estatuto de cientificidad alegando que no eran dialécticos y por eso tampoco científicos, algo que he discutido hace no tantos años con la Academia de Ciencias de Cuba, erre que erre con su monoeidetismo.

En esto de la ciencia siempre hay opiniones para todo, el Herr Doktor Mengele llegó a desarrollar su célebre variante "altruista" con los virus nazis, a los que dotó de un estatuto de cientificidad, el de la Ciencia-Auschwitz.

De entre lo mucho que dan de sí los virus, recordemos a aquel ministro de sanidad franquista que –con gran catarro encima y moqueando virus- salió en televisión española para desdramatizar el problema de la colza poniendo ejemplos sumamente pedagógicos en orden a su derrota: los virus, dijo, son tan chiquititos que si les empujas un poco se caen de la mesa y se matan. Desnucamiento científico, ¿qué problema?

Últimamente parece que los virus se han hecho virales, o sea que están hasta en la sopa convertidos en la banda sonora que acompaña día tras día a nuestros informativos, quién fuera rey viral por un día.

Y, como siempre tendremos virus con nosotros, ante la complejidad de la situación, tampoco yo pienso quedar atrás. Ya bulle en mi vírico coco la idea de una arrasadora *ultravírica viral y viril* (viril no es viral como viral no es viril, y nos importa tres equis que nos cierren la edición). Su método es la *insa/culación* -mal pensados, abstenerse-, que es el método propio de las tesis doctorales y que consiste en meter en una bolsa todas las teorías habidas sobre la naturaleza de los virus, mezclarlas luego y, bien troceadas y con un poco de cebolla, unir al azar sus fragmentos para que finalmente mi mano inocente vaya sacando pedacitos de las mismas y, bien adosadas unas a otras, al modo dadaísta, dar a luz a esta madre de todas las batallas y servirla a la mesa.

Al final de este laborioso y científico trabajo lo más importante y también lo más urgente es que su redacción quede totalmente desgajada de la comunidad lingüística correcta, es decir, que no se entienda demasiado. Sólo me faltará publicitarlo inmediatamente en los medios, dada la excelencia del invento, con sus correspondientes garantías y certificados de calidad que dejan ex/pedito el camino recio de la ciencia. Me voy a forrar.

Ahora bien, como los pitufos gruñones disidentes, los muy cerdos, se enfrentarán a mi epistemología vírica salvadora que sustituirá el ministerio de la guerra por el de la paz y la concordia entre apátridas jefes de jefes, tendremos que luchar para aplastar sus minivirus con los maxinuestros: la justicia por encima de todo, a cada uno lo suyo, *jedem das seine*, conforme al lema escrito en la puerta de entrada (puerta única, pues de salida no había, del todo innecesaria en virtud del buen funcionamiento del horno crematorio) a Buchenwald, que por cierto se construyó al lado de la casa de Goethe, demasiada poesía.

Como fuere, o como no fuere, que es casi lo mismo, lo peor sería que nadie reaccionase ante tan magna novedad, que el silencio administrativo ni siquiera acusara recibo. Pero más valen para mí virus con honra, que vilipendioso silencio. Nunca perder la esperanza. Los romanos, tras quemar los cadáveres, apagaban el fuego con agua y vino, recogían los restos óseos calcinados y los enterraban en una urna, pero podían quedar algunos en el suelo. El águila rapaz y majestuoso de aquel Imperio fue el animal totémico de Júpiter; en los funerales de los emperadores se soltaba un ejemplar que ascendía al cielo desde la pira funeraria y portaba el alma del fallecido. La suelta de esta ave conllevaba una concepción astral de la ultratumba, simbolizando asimismo la apoteosis del difunto junto a los dioses. Quién sabe si las águilas de Júpiter, una vez desgarrados con sus corvos picos los virus de nuestras propias entrañas, los expandirán en el planeta Júpiter, o si hasta las águilas morirán tras la ingesta vírica.

## Feliz año nuevo peor

De mi libro *España no gracias* no quisieron saber nada ocho editoriales españolas una tras otra, y, cuando al fin salió, cayó sobre él la noche sin aurora. Más tarde escribí *España canto y llanto*, que se vendió como papelote, y en adelante sólo la melancolía me ha ido dando argumentos poéticos para seguir rememorando el país en que fui traído al mundo. No extrañará que tampoco al morir desee ser patrióticamente envuelto con la bandera rojigualda. No siendo mi españolidad *trending topics*, traté de consolarme: "no te preocupes, eso es pan para hoy y hambre para mañana", pero mi subconsciencia refunfuñaba: "¡a este paso ni siquiera vas a existir en el censo de Canalejas del Arroyo, tu pueblo de nacencia!". Tal vez de ahí también mi desafecto por cuanto suena a españolidad no habiendo encontrado argumentos para ser profeta en la propia tierra.

Los mitos de la españolidad incombustible a la que se aferran como lapas los gobernantes tienen esta secuencia: primero dar lástima por el mito de la decadente santa madre patria con su mala salud de hierro; luego por antífrasis el mito del Renacimiento del remorimiento, más de lo mismo; cuando la cosa se endereza un poco,

todos levantan su brazo en alto —pese al creciente reumatismo de la
envejecida población- y cantan el cara al sol con la camisa nueva del
sábado sabadete, hasta que el correspondiente portavoz cualificado
declara inaugurada la Edad de oro hinduista, principalmente porque
el precio del aceite cuesta su peso en oro incluyendo el huevo cocido
y tiende a quedarse encima; tras el último vómito etílico del treinta y
uno de diciembre, el primero de enero se anuncia subida de precios
generalizada para reiniciar el ciclo de la decadencia. se pronuncia con
la boca grande que no queremos emigrantes invasores porque ya no
cabe más miseria aquí, aunque con la chica se les acepta para que
hagan el trabajo sucio con bandera de barco pirata, cual corresponde
a un "país de acogida" de *Gastarbeiter* o "señores trabajadores
invitados". ¿Acaso no somos países "regulares", neutrales, ya que el
trato a los emigrantes no nos parece ni bueno ni malo, ni ocre, ni
mediocre, sino regular. ¿Es usted un empleador cabrón? No, yo
regular… Entre tanta regularización de lo disforme todos hemos
*regular*izado nuestra perversa identidad.

Lo peor es que a los malos patriotas que no nos
consideramos patriotas de ningún redil ni puñetera falta que nos
hace, que ni siquiera somos anarquistas felices por los mares del sur,
nos tratan como descerebrados ciudadanos de tercera y porque
tampoco nos hace gracia alguna llevar flores a ningún caído de
ninguna guerra civil. ¿Compartir las rosas inocentes con la maldad de
hombres tan buenos? No, gracias.

Mi desafecto por España se enmarca en el desafecto por el "regular" primer mundo, pues no tengo cuajo suficiente para desear *feliz año nuevo 2024* al primer mundo, si el "feliz año nuevo" incluye a las tres cuartas partes de la población mundial que malvive pasando hambre gracias al primer mundo, ¿qué hago yo tragando como un pavo supersticioso doce uvas acampanadas entre regocijo y lacri/meo?

Por si fuera poco, tampoco me entusiasma el mono/patín. Si de algún monarca sintiera menor difiducia sería tal vez de Fernando VII, el peor rey de España según dicen, aunque me pregunto si puede haber habido un rey tan peor en una España tan mala. Lejos de toda monarquía, oligarquía u oligopolio, nunca pierdo de vista el libro del profeta Jeremías que, pese a sus jeremiadas, dice cargado solemnemente de razón: "tú, con tus aires de ramera, que incapaz de avergonzarte salías a los caminos a ofrecerte y profanaste la tierra con todas las maldades que pudiste sin apartar de ti mismo tus aberraciones, tú que no lavas las inmundicias de tu corazón ni permites que asome rastro de luz en él, no seas como los profetas que profetizan en falso, ni como los sacerdotes que actúan en su provecho, porque ¿qué harás cuando llegue el final?".

León Felipe, con su voz profética, dispara: "tenemos los españoles la garganta destemplada y en carne viva; hablamos a grito herido y estamos desentonados para siempre". Tenemos los españoles el espíritu curtido de cicatrices por gracia de las ciegas navajas cachicuernas. ¿Para qué llenarse la boca de uvas vendiendo patria, sino para más engañar a los engañados?

Qué tristeza de país. Qué pésimo sentirse pesimista, ¡y yo que soñaba con que los feroces volcanes se convirtieran en apacibles colinas, y no con las apacibles colinas transformadas en feroces volcanes! No pedimos a los españoles que crean en Dios, aunque bien les viniera, pero sí que no crean en todo lo que no es Dios.

Un rey gotoso hubo que erró al presumir de que en España nunca se ponía el sol, cuando era España la agotada, asolada y no soleada, sombría, tan ensombrecida que nunca pudo el sol dar en su piel, o en lo que está quedando de ella. Tu tiniebla, España, es tan densa cuanto más iluminada tu Navidad hortera. Antes merecías la pena, ahora la das. Peor que estar sólo y sin ti es estar con quienes como tú me hacen sentir tan solo. Vas de princesa azul y no has llegado a pitufa. Nadie está libre de decir estupideces, lo malo es decirlas con el énfasis de tus consejos de ministros; todo el mundo puede ser estúpido alguna vez, pero tú has abusado del privilegio. No te estoy insultando, sólo definiendo. ¡Y tú que te creíste ombligo del mundo, qué lástima me das! Las vacas dan leche, las gallinas huevos, y tú pena. Agradece tu desgracia a tus covachuelistas.

Lo siento: tu maldad incuba la mía por no haber tenido la fortuna de nacer en la selva. Perdónenme los patriotas decentes por no poder llegar a ser mejor que ustedes, ya tengo bastante con lo mío. Y ojalá que pueda olvidar que mandar a la patria a la mierda no es mejor que perdonarla. Te devuelvo, paria, con mi aflicción, el carnet de alférez de complemento. Patrias, sólo si mejores que yo: lo pongo bastante fácil. Soy un arameo errante en patria ajena, un expatriado. Con permiso, permitan que salga.

Y, si les place, sigan destapando botellas de champán de año nuevo, pero por favor, que el corcho de sus tapones no apunte hacia el trasero de los más desgraciados de la Tierra.

# Belicista al menos para transformar el carro de combate en carro de la compra

Existen constelaciones autoritarias fuera y dentro, ¿fueron antes las foráneas, las endógenas, o a la vez? Con certificados de democracia y ciudadanos expertos en ser "buenas personas", las democracias imperialistas montan guerras mundiales, con o sin el pie cambiado. La voluntad de exterminio es nuestra atmósfera. Mientras la ecología planetaria se va a pique nosotros nos duchamos cada mañana y dormimos con aire acondicionado, resultando los procesos individuales de supervivencia letales para la supervivencia comunitaria.

El Estado capitalista/liberal (¿hay otra clase de Estados?) crea crisis que lejos de resolver agrava cada vez más, su cincha no abarca tanta grasa con sus propias contradicciones, y sus soluciones son patadas de ahogado. La reconstrucción alimenta la mecha de la bomba al pretender desactivarla. Los héroes han muerto, los poetas están acabados y los profetas rumian su soledad con los labios cosidos. Este silencio de los corderos está lleno de frustración existencial, resentimiento, angustia y culpa. Además se aborta a los inocentes aún no nacidos como si fuera un progreso. Tales son los elementos discursivos dominantes.

Quien denuncia esta catástrofe es tenido por conspiranoico. Ante las guerras de exterminio queda el *pos/colapso* de lo local/global, la *glocalización*. En la gran escabechina somos la mayor máquina de cazar/matar/consumir. Habrá muchos menos alimentos, no todos podrán pagarlos, el número de excluidos crecerá, viviremos peor, sálvese quien pueda; de mal en peor, viva el Progreso. Felices quienes tengan un pequeño oasis, pozo, huerto, animales, casas térmicamente aisladas, sombra, aprovisionamiento energético y capacidad de reciclar. La austeridad será obligatoria si se quiere evitar la desertización de los propios oasis. Banalidad del mal, banalización absoluta de la vida, plenitud del vacío vacuo y vano, se acabó la pasarela.

Pedro José Proudhon escribe a Marx el 17 de mayo de 1846: "nuestros proletarios tienen tanta sed de ciencia, que uno sería muy mal acogido por ellos si no se les diese a beber más que sangre". Él ganó el premio de la Academia con su obra *Qué es la propiedad* pero, tras haberla publicado, la propia Academia —nueva Herodes- le obligó a retirar su dedicatoria. Hoy los aparatos ideológicos del Estado ni siquiera se la hubieran premiado, y mucho menos publicado si su contenido les hubiese parecido levemente subversivo. ¿Dónde habrán ido a parar los "montañeros", así denominados durante la Revolución francesa por sentarse en los lugares más altos de la Asamblea para luego echarse al monte? "Francia se aburre", dijo Alphonse de Lamartine (1789-1869), así que ¡al monte, a transformar el carro de combate en carro de la compra!

## Libelista

Paciencia, me dicen; no te impliques tanto, no tienes por qué andar detrás de los perros de los vecinos para que recojan las cagadas de sus simpáticos animalitos cada vez que abren su lindo culo; tú careces del carnet de arcángel San Gabriel y mucho menos del de vicediós para ayudar al Jefe a poner más orden en el mundo, con más edad que Gigliola Cinquetti ya has luchado demasiado; tras tu entierro volverá la primavera; si quieres ser feliz como me dices, no polemices, no polemices.

*Oui, mais non.* Aunque para escarnio de mi autoestima no haya podido decir de nada "lo bordé", como máximo alguna vez me he visto ante gentes feas hasta decir basta a cuyo lado pude pasar por guaperas; aunque he registrado, cacheado, gritado y robado igual que los demás han hecho conmigo, aunque he mordido las manos que me alimentan, aunque cualquier *long* hubiera podido ser conmigo *longer*, no abandono mi espada porque la decencia pide dar la batalla a tiempo y a destiempo (¿existe alguna diferencia a veces?) y ciertos gestos de rebeldía todavía caben hogaño, "sustraerse al servicio militar y a toda clase de contribuciones; abstenerse de toda acción, labor y función que implique mantenimiento o consolidación del mal; cambiar los productos de primera necesidad sin intermediario explotador son actos de rebeldía de esencial conveniencia a nuestra actividad"[9].

Como libelista con patas y polemista pasable, el libelo no merece el desdén con que se le desprecia, ni es una hoja volandera cargada de rencor y de envidia. Si me dan papel pautado escribo por el otro lado, aunque no sea tan ingenuo como para no sospechar que envés y revés de una escritura conforman las dos caras de un mismo escritor: lo importante es escribir aunque sea con tinta deleble. Hagas lo que hagas haces escritura, lo demás es coyuntura. Pero si haces escritura has de tener libre voluntad de libelista. De la librería *Libelo* de León (Guanajuato), fundada y regida por un maestro de escuela venerable, de la que guardo memorable recordación no sólo por las veces que tuve el honor de ser invitado a disertar en ella, sino también por el trato regio y la honrosa distinción con que tratan a libros y autores, excelente lugar de encuentro.

Escribo libelos (*librifico*) ovíparos, huevo a huevo, pisando huevos, recolando artículos antiguos, pero también vivíparos en horas veinticuatro, de un solo tirón, lo que me disgusta es repetirme tras la barricada de mis "firmes convicciones". No soy amante de las

[9] Armand, E: *El anarquismo individualista. Lo que es, puede, y vale.* Editorial Pepitas de Calabaza, La Rioja, 2019, p.98.

corridas de toros, pero si lo fuera no podría verlas sin frío ni calor en un tendido cero tan neutral como un baño de fenomenología, ni desde la barrera, que es la venda que tapa los ojos al macho (así se dice en México con doble sentido) para que dé vueltas a la noria. No sé bañarme dos veces en el mismo río, ni dar dos veces la misma conferencia, que jamás/jamás/jamás he leído, porque vale más el pensamiento posible que el necesario; postureo cual torero de salón y hasta bajo al ruedo armando la marimorena, aunque luego de la feroz logomaquia nos eche a la calle el modesto acomodador o *Platzenweiser* al que Kant calificaba de "ordenador del pensamiento", llamando orden al pensamiento sin su espléndido desorden creativo. Siempre que leo a Spinoza, plomizo maestro del orden neurótico (*ordo et connexio idearum idem est ac ordo et connexio rerum*), se me caen de las manos sus tediosas taxonimías preludiando siesta. A veces me dan ganas de echar mis propios libros a la papelera, otras se borran de mi ordenador por culpa del dedazo que debería ponerlos en orden y concierto, pero, lejos de desesperarme, lo asumo como una *mortuografía de la vida.*

Aunque mi cálamo no alcance a ser Tizona, hay en sus lances tantos Díaz como Noches. Cierto obispo de La Habana se apellidaba *Díaz de Espada,* de cuya reverenda feligresía participo con armas y bagajes, pues cálamo y espada son lo propio del polemista. El fracaso anida sutilmente incluso en quienes con su triunfo mueren de éxito apolémico. Como espadachín *in intentione et in executione* he perdido casi todas las batallas, pero muerto de éxito en el arte de atacar, fustigar, desacreditar, adentellar, desgarrar, desguazar lanzar venablos y vocablos envenenados, y volver al lance.

No tanto por hablar de mí, sino con ustedes, quisiera mostrarles mi casita de papel —cerdito pobre- para que libremente echen sin morbosa chismografía una mirada debajo de las alfombras, y concluyamos el simposio irrigando con buenos caldos las tripas que nos habíamos eventrado, hay que aprender cirugía sin practicar la caza mayor. Nada de evitar entrar a fondo en los debates quedándonos en el pórtico poniendo entre paréntesis los paréntesis mismos, para lo cual harían falta más y más paréntesis, pesadilla parentésica de nunca acabar. *Hortus semper inconclusus*, el huerto siempre abierto aunque el pensamiento no pueda vivir sin cicatrices sangrantes. Lejos de esa escritura *after-shave* que evita con alcanfor la escocida prosa de la vida, quisiera que las polillas no se comieran el buen lenguaje con la escopeta lingüística recortada, todo eso aunque en la cacería dispare la perdigonada contra la zona mollar de una importante dama vecina en vez de acertar con la pieza; a veces apunto a un concepto, pero se me escapa el tiro y descargo el escopetazo contra el indefenso cuerpo del idioma.

Escribir no es tañer una sola cuerda mono/tona sin disonancias ni notas fallidas, ni sólo innovar palabras pequeñas, potestad que el padre Feijoo reconocía a los poetas. Tanta es la labilidad de las polémicas idiomáticas, que a veces *so* y *arre* no parecen distintas palabras, debiéndose conocer al burro para no tronar la fusta. Vale la pena el riesgo de crear falsas etimologías respondiendo a quien te pregunte de dónde viene el queso Roquefort que de Roque Fort, roca fuerte. A su bola, a su queso de bola, cuántas bolas nos contamos: Pedro es una caña de azúcar, Pedro es dulce, luego Pedro es una dulce caña de azúcar.

Concomitante con la escritura es la alegría jubilosa por la realización de las potencialidades, las que fueren, pues uno está por encima de sus posibilidades sin nunca llegar a ejercerlas, lo que ayuda a acercarse a ellas. Aunque al decaer la vida y también la escritura, como Menéndez Pelayo "yo anhelo ver la idea/ en forma traducida, y que esa forma sea/ la lumbre de mi vida" hay en cada pluma una biblia: un génesis, un apocalipsis, y entre ambos un vía crucis con sus salmos y sus profetas. La forma en que se escribe expresa su *modus vivendi*, y yo quisiera escribir rezando, morir viviendo y vivir muriendo, ¡viva lo sinóptico, lo que tenga que escribir que sea sinópticamente!

Frente a la asertividad mansurrona que a lo difícil llama "complicado" oxímoron como hierro de madera porque lo complicado exige más esfuerzo que lo simple, me atraen las incertidumbres, las partes chamuscadas, lo in/vero/símil (*in/vero/similis*) al mismo tiempo disimilar (*in vero*) y similar a lo verdadero (*vero similis*).

¿Fue Hitler de verdad un monstruo?, ¿sí con toda certeza pero no con veracidad objetiva?, ¿me basta con saber en mi fuero interno (certeza) que Hitler fue un monstruo (verdad)"? Quien esté subjetivamente seguro de su monstruosidad sin argumentarla cambiará de opinión. Cuando una sociedad monstruosa presume de tolerante, el miedo guarda la viña de los guardianes del monstruo. La *correctness* de todos conlleva la incorrección de cada uno, la seguridad de todos puede cimentarse sobre la inseguridad de cada uno, pues nada une más que las inseguridades compartidas. Para los *escépticos* sólo hay verdades "que cuelan" (sintácticas) y verdades "que sirven" (pragmáticas), negociables silencios de los corderos.

Bienvenida la crítica sin los remilgos de la "crítica constructiva", que se queda a medio parir. Bien venidos los subidos a la grupa caballos de Troya, que no son los *Stedeckenpferden,* caballos de palo donde valen relinchos y rebuznos[10]. No se me enfaden los sempi/prudentes, carajo; aduzcan razones y luego vayámonos a tomar una birra al bar de la esquina sin recetar a los adversarios cigarrillos para curar el asma, ni ojo de oveja en escabeche contra la resaca de sus contrincantes. Unamuno, escandaloso donde los hubiera, postulaba arrojar puñados de sosa caústica a los ojos de los dormidos para que despertasen aunque él mismo se quemara las manos, y por eso y por otras cosas es mi maestro. Con él, escribir es

---

[10] *"Das glücklichste Wort es wird verhönt wenn der Hörer ein Schiefer ist"* (Goethe).

preguntar: ¿contra *qué* va la cosa? Contra *qué*, no contra *quien*. Una de las peores degradaciones es la educación dormitiva es que cuanto más dormimos más encubrirnos. Unamuno enseñó -y yo con él, *Unamunior Unamuno*, más unamuniano que Unamuno- que la razón de ser de algo es amarlo, no sin los numerosos cálculos renales del error a rectificar, que es de sabios. Digni/ficar es veri/ficar, hacer lo digno verdadero y verdadero lo digno. Aunque mi cálamo sea una espada, y a veces incluso una daga.

Flaco favor nos hizo el *trilema de Gorgias*: nada es; si algo fuera no podría decirse; si pudiera decirse no podría ser demostrado. Tú tienes lo que no has perdido, no has perdido los cuernos, luego tienes cuernos. Cuando el sofista concede valor de verdad a la mentira está mintiendo al decir la supuesta verdad y diciendo la verdad al mentir: te digo la verdad, te estoy mintiendo, te estoy mintiendo, te digo la verdad. Los sofistas, aquellos y estos, no pasan de cretinos de alto nivel especializados en construir cegueras que nosotros pagamos a precio de oro: nos han construido la ceguera de la mentira porque quieren que seamos ciegos. Libelistas de todos los países, uníos.

## Puesto a descartar, ¿qué descartaría usted?

Retornan las oscuras golondrinas a sus nidos con paganos cultos odalistas que combinan religión y raza. No pocos barriles cerveceros berrean canciones de pésimo gusto con sus llagas por sobreexposición al sol en las playas, representantes *at large* del nuevo estado de cosas; a cambio cagan dólares y algunos se quedan a vivir en España. Ni rastro de aquellos caballeros anglos con sus bombines, sus chisteras, sus guantes y sus impolutos trajes, sus confortables trenes de cercanías, sus autobuses de dos pisos, sus rojas cabinas telefónicas y su adoración adictiva a la corona, merecedora de una cachetada; las carrozas reales y las piedras preciosas, los mantos de armiño y sus parafernalias litúrgicas siempre han encantado a los británicos, carrozas desvencijadas.

Yo soy germanófilo a pesar de Hitler, de su patria, y de los alemanes que se compran una parcela en Canarias, pero me desagradan sus tapias de varios metros de altura para evitar el contagio de los lugareños. Soy germanófilo porque me encanta su gramática tan cartesianamente construida y sus trabajos hechos a conciencia; donde haya una chapuza no busquemos la autoría de ningún teutón. Aquellos tocadiscos *Grundig* eran para toda la vida, tenían fundamento (*Grund*) y desafiaban al tiempo. Pero anglófilo me hubiera costado mucho serlo, aun reconociendo su gran personalidad y creatividad; en cada británico hay un Newton o un Hume, y un desafecto a Europa, en la cual no caben, como ha demostrado su penoso *Brexit*. Conducen por la izquierda, su sistema de pesos y medidas va por libre, su filosofía es positivista, huyen como almas que lleva el diablo de Kant y de los imperativos categóricos universales, y su sistema jurídico es casuístico, cada pleito un mundo. Mi mejor parte anglofílica se la debo a Agatha Christie, maestra de urbanidad con sus educadísimos, trajeados y repeinados personajes tomando el té en esos hotelitos de muy buen gusto con camareros y camareras de plata, sin prisas, sin ruidos, algo de lo cual queda en algunos lugares apartados, pero amenazados por las masas. En fin, tengo *mixed feelings*, sentimientos encontrados, aunque incapaz de apuntarme por cortesía el pedo de la señora condesa.

Un vivalavirgen es un vivalavirgen en cualquier país, y dos son dos; el perfeccionista molesta entre tantos imperfeccionistas. Aquél se disuelve como el azúcar en el amargo café de éstos, que por ser inmensa mayoría imponen la amargura de su mala leche, tanto que el oficio de los médicos se limita a negociar plazos con la muerte, o a incrementar la iatrogenia: "la Historia se reproduce como farsa, que dijo Marx, ¿o fue tal vez Groucho?"[11].

---

[11]De Miguel, A: *Judíos en la ciudad de los ángeles.* Infova Ediciones, Madrid, 2011, p. 204.

Entre tanto, nunca me ha gustado Descartes, al que descarto cuando subo a mi Rocinante adarga en ristre y yelmo de Membrino calado. Si hay que arremeter, se arremete. Sólo tengo dos amigos franceses, inevitablemente cartesianos. Al primero le cuadraría el apellido *Descartes* por su obsesiva afición a los juegos de cartas; al segundo porque, habiendo leído en mi papelera el rotulo "Descartes", se llenó de tanto júbilo, que no me atreví a confesar que aquello no pasaba de ser un archivador redondo al que iban a parar todos los descartes. No siempre es lo que parece. En medio de los disparos del cazador me siento como un torpe en un terremoto no sabiendo a dónde huir, huidizo, ensimismado, perdida la inspiración de trovador.

## Están clavadas tres crisis en la Guerra de Ucrania

Pésima es la polémica que acaba en guerra. Vivimos una crisis en la intersección de tres ejes, aunque las terrazas siguen llenas, los conciertos de bandas roqueras son una hemorragia orgiástica junto al karaoke, y la alegría se activa con estímulos adictivos. El eje planetario de Madre Tierra está malherido y, no sabiendo cómo hacerse respetar, se venga de sus criaturas. Cada día más caliente, más desertizada, más infértil, los paisajes deshidratados, carentes de verdor, de fuentes y de ríos, van dejando de ser fértiles, mientras los poderosos compran propiedades en la ruta del agua, de la sombra, y del huerto para alargar su longevidad.

Todo es trans/pos/categorial. Respecto al eje antropológico, el "ser humano" carece de identidad. El animal racional aristotélico ha devenido un difuso *algo* líquidamente pensante, fluido sexualmente, mutante volitivamente, axiológicamente relativista: te despiertas hombre, por la tarde eres mujer a medio día, y por la noche no sabes qué va a ser del humano inidentitario.

Para mayor toxicidad, el animalismo se ha convertido en personalismo, y el personalismo en animalismo. Nadie sabe lo que es ni lo que quiere llegar a ser; todos tienen derechos y pocos deberes; para la nueva alquimia ni siquiera existe un concepto de familia. Tantos años de evolución, y basta la flama de un pirómano para incendiar el bosque. Lo poco que queda de "personalismo comunitario" ha caído en el mismo cepo del hedonismo y del relativismo del "esto es muy complicado", que ha arrojado la toalla antes de dar el combate de la dignidad de la paz militante desarmada.

Finalmente el eje sociológico que viene marcado por la interminable guerra de Israel y por la novísima de Ucrania, respecto de la cual: *a)* Rusia no es comunista, ni USA cristiana, ni China comunista. No hay rusos, ni chinos, ni yanquis buenos o malos, sólo imperios que buscan poner el mundo bajo sus botas. *b)* Europa se ha puesto al servicio de uno de los dos imperialismos, servidumbre voluntaria de la que no se salva España, ayer anti/Otan. *c)* La guerra conlleva todos los males: ruina, inflación, carencia de recursos alimentarios, embrutecimiento, luz más cara, cesta de la compra inasequible, listas de espera médicas interminables, diversiones estupefacientes para subvenciones disparatadas y deudas públicas impagables porque todos deben a todos. *d)* El espantoso gasto bélico activa los mecanismos fóbicos y refuerza el gorila que llevamos dentro. *e)* Renuncia a la paz digna basada en la desobediencia civil frente a los poderes que caen como Satanás cual rayo sobre la Tierra.

Quizá por mi impericia como agrimensor ignoro por qué un metro de tierra separa a las patrias. Hasta los grandes defensores de la paz perpetua como Kant han fracasado con excelentes argumentos. Qué cobarde debo ser al no anteponer el color de la bandera al de la sangre derramada. Qué daltónico axiológicamente al no distinguir los cromatismos más básicos. Qué mal cristiano, como todos los buenos, alistado en las filas prietas de Judas Putideo o Judas Ucraneo, cuyo país está poblado de mafias y mercenarios.

¿Dónde quedó la soberanía de las naciones del derecho internacional ante las matazones diarias? El monumento al Winchester ¿qué es sino guerra santa? El lema de fabricantes y comerciantes de armas, cloacas de la historia, reza *si vis pacem para bellum* (*parabellum 9 milímetros* con especial aplicación para la nuca). En las guerras entre bomberos pirómanos los países se pueblan de cadáveres, presentados como colaterales. Ni siquiera la paz se libra de las guerras que más cornadas dan, las cornadas del hambre. No hay fronteras entre la paz y la guerra, todas las banderas blancas han enrojecido. Por todas partes vemos plañideros tomando el vermut en las tarrazas, tertulianos ardorosamente apasionados sobre la bondad de los malos y la maldad de los buenos, insuperablemente tóxica. ¿Digo esto con la perversa intención de quien pone sus sucias manos sobre Mozart para luego disfrutarle mejor? No, lo de radical/pesimista ya me lo sé, además me hace gracia.

Por lo demás, todo bien y arriba el campo. Acabo de firmar unos pocos libros en la madrileña Feria del libro, sita en lo que ayer fuera un pequeño zoológico dentro del Jardín del Retiro, gran zoológico abarrotado para la ocasión con miles de personas, cuyas mono/ideas simiescas son tan variadas como las especies de monos. La interminable cola de adolescentes esperando la firma de no sé qué autora británica sobre los jovencitos en la luna, dispuestas a hacer noche para obtener la firma adorada, son el triunfo viral del mal sobre el bien

## Esta puta guerra de exterminio, don Putín, su vocación

Sabemos dónde está la guerra, pero ¿dónde están yendo a parar los dineros para Vladimiro el Putín?, ¿por qué no se nos informa de su participación en las industrias bélicas europeas, cuyas armas le sirven para masacrar a quien se ponga a tiro, nunca mejor dicho? El crimen, perfecto, productor y consumidor de las industrias de la muerte se besan, sin que las armas tengan patria cuando vomitan la metralla. ¿Y quién hace negocios con los negocios de armas enviados a Ucrania?

Con doce años, estudiaba tercero de bachillerato en el instituto Fray Andrés de Puertollano (Ciudad Real), llevaba pantalones cortos, y era más inocente que *Marcelino pan y vino,* aquella película de tanta conmoción lacrimal en 1955. Las lágrimas de pureza dieron paso a lágrimas de horror cuando el director del centro, mi buen don Tomás García de la Santa, catedrático de latín, llorando desconsoladamente, nos sacó a todos al pequeño patio de recreo embutido en su camisa azul falangista, color neto, entero, varonil y proletario, para informarnos en octubre de 1956 de que el Ejército rojo acababa de aplastar brutalmente la revolución antisoviética húngara, cuyos líderes fueron luego ejecutados. Lo recuerdo vívidamente, el comunismo era la madre de todos los hijos de puta que se escondían detrás del odioso telón de acero. Y, contra comunismo, cristiandad y rosario del padre Peyton, familia que reza unida permanece unida. Eran otros fervores.

Como si se tratara de una mala versión del samsara hindú, la historia se repite en 2022 con precisión casi milimétrica. El presidente de Hungría, János Áder, lo recuerda: "Hungría condena muy decididamente el ataque ruso contra Ucrania. Este ataque es uno de los peores en Europa desde la Segunda guerra mundial. Hungría vivió en 1956 algo parecido". El brazo ejecutivo de esta nueva tragedia es el de Vladímir Putin, el presidente de Rusia, que pasó de fontanero de la KGB a zar sanguinario y desequilibrado de todas las Rusias que ha perdido el pie de la realidad. Ya no lo hace en nombre del comunismo, sino de sí mismo y de su pueblo, su propia prolongación ectoplasmática. Siglos después huele a zarismo y/populismo, es decir, a fascismo. Después de haber sido fusilada vuelve a escena la cabeza coronada del zar. No hay quien corte la inagotable cabeza de la hidra.

Ni siquiera entonces era marxismo versus occidente; el comunismo ha desaparecido de Rusia, y Putin se muestra ante las cámaras con luces y taquígrafos cual pope cristiano ortodoxo en las ceremonias públicas: es un verdadero pope, que popa incensando votivamente a la guerra. Ahora resulta que tampoco era el cristianismo frente al comunismo, sino poder contra poder. Y a ver quién la tiene más larga.

¿Y la factura quién la paga? Las grandes empresas españolas de la guerra dejan atrás la pandemia vírica con un beneficio récord de 53.215 millones de euros en 2021. Los bancos ganaron en ese año más que todos los años de su vida, buena vida para ellos, mala muerte para los que han ido al corralón. Los pobres ponen los muertos y la rabia, y los ricos se montan en el dólar. Hasta el último momento Italia y Alemania, que tienen muchos negocios con Rusia, se han estado negando a desconectarse del sistema de pagos Swift, porque era como desconectarse de su propia bala de oxígeno. El dinero no tiene patria. La patria es para los tontos que aún creen en la noción de soberanía clásica de Bodino, Altussio y Suárez.

Para las mentes simplistas, aunque tengan quince doctorados, esos no son daños colaterales de los amigos norteamericanos salva/patrias de la humanidad, bienvenido míster Marshall. Demonizado el santo y santificado el demonio, la historia del Gatopardo continúa por muchos años. Y hale, más madera a la máquina de carbón. No estamos en estado de guerra, somos la guerra misma, la misma mona vestida de guerra. A quienes me piden libros sobre psicología de la guerra les recomiendo *El Príncipe* de don Nicolás (a no confundir con *El principito* de Saint-Exupéry) y *Mi lucha*, de don Adolfo. Sumemos a Maquiavelo y a Hitler y obtendremos un óleo de Vladimiro Putín, bajo cuya rasca aparece un Vladimir Ilich Ulianov, alias Lenin.

¿Y cuánto pagaremos durante y después de la masacre los paganinis paganos o aldeanos que somos todos? Siempre pagan los mismos, ya sea el día de los Santos Inocentes o el de Acción de gracias. En el fondo de todo patrioterismo alienta el ahogamiento de la inteligencia por la voluntad. "¿Qué te gustaría ser de mayor?". La respuesta suele ser divertida dada la ingenuidad del angelito, bombero, Sumo Pontífice, o delantero centro del Real Madrid, lo cual no está tan mal. No hay *vocacionismo* temprano; los conventos vacíos evidencian la exclaustración de vocaciones frustradas; a veces, por desarrollo de la primera *vocación* , se termina en la *contraria*. Si la vocación consistiese en quedar troquelados desde niños, ¿cómo explicar las *vocaciones tardías*?, ¿habríamos de consignar como *falsas* a todas menos a la última?

Eso de la *vocación* debe ser dicho en *plural abierto*, porque la vocación humana consiste en *alcanzar la felicidad*, la cual se dice de muchas maneras, unas mejores y otras peores. Todo es instrumento para acercarse a ella, ya que dentro de una misma inquietud volitiva se van desarrollando perspectivas nuevas sorprendentes con merma de las declinantes. Ganando y perdiendo, creciendo y menguando se desarrolla esa *llamada* (*vocatio, invocatio*) que espera respuesta. Algunas *vocaciones eternas* duran poco, determinados adverbios de tiempo (*siempre, nunca*), se deshacen mañana, y su *siempre* y su *eterno* se evaporan en el ahora inmediato. Hay *equi/vocaciones* como las de verdugo, sicario, o violador, que mejor sería prohibir, y otras que maldita falta hacen, como las de joyero o peletero.

Tengo malas noticias para el voluntariado blandito que, por capricho y no *por deber ni con* razón acepta sin rechistar al Estado que les subvenciona y que —aun siendo testigos de las violaciones de los Derechos humanos donde han ido a parar- no los denuncian al mundo. El *lab/oratorium* (*laborare/orare*) digno de acción social sólo resulta crediticio contra el arbitrio de los impulsos del deseo y contra las moratorias indefinidas de la abulia. Uno no se convierte en voluntario o cooperante para hacer turismo de monerías. Sólo tendrán sentido si esos voluntarios se quedan toda la vida en los países a los que van destinados confiriendo a sus poblaciones autóctonas el protagonismo de su liberación.

En todo caso, más que los malos voluntarios me duelen los *e goístas sin fronteras,* a quienes nunca se les cae de la boca la cantinela de "no sé para qué se van tan lejos, si aquí también hay gente con problemas, la solidaridad empieza en casa".

## Putilandia y Rasputín

Nuestro honesto y buen vecino de Burgos se llama *Excelso*, y lo mejor es que, cuando intenté explicar a su no menos excelsa compañera Rosa la etimología del citado nombre, la buena mujer ni se inmutó, ya que para ella la excelsitud se correspondía inequívocamente con los atributos de su hombre: su hombre era lisa y llanamente excelso. Le dicen a mi mujer que mi nombre es Excelso y corre el riesgo de morirse de risa, si es que no contraataca asegurando que mi nombre es *Legión*, el del endemoniado bíblico de la Biblia, "porque soy muchos". Y con no poca razón.

Como fuere, esta noche he soñado que peleaba cuerpo a cuerpo con otro excelso, el Excelso Alejandro Magno y que me machacaba. Yo, *Carolus Minimus* y no Carolus Magnus, inepto para comandar dinastía carolingia alguna, me he levantado con dos muelas menos, destrozado, molido, amoratado, tumefacto hasta ni siquiera caber en mi abollada armadura (yo, el supuesto caballero de la armadura oxidada), de la cual han tenido que excarcelarme con unas potentes cizallas los bomberos entre aullidos de sirenas. Soñar bélicamente con/tra Alejandro Magno es algo para lo cual no hubiera debido conceder permiso a nadie ni siquiera don Sigmund Freud. Con todo, aunque sin vencer en buena lid a mi gran apaleador, no sólo admiro su valor guerrero, sino que también me inclino ante su *potestas* y su *maiestas*, cuya victoria no humilla mi derrota, antes al contrario me enorgullece haber dado en tierra con mi cuerpo por virtud de los golpes maestros de su músculo divino. Menos admirable es que los conquistadores macedonios como el propio magno Alejandro obligaran a las poblaciones nativas por ellos arrasadas a adoptar su lengua, teatro y cultura, y a llevar una existencia miserable mientras sus filósofos organizaban magnos simposios e interminables libaciones del dulce mosto mediterráneo para leer a Homero mientras sus efébicos alumnos se entrenaban desnudos en los gimnasios bajo órdenes de sus instructores.

Mezcla de Gengis Khan y de Alejandro Magno es Putín, con sus expediciones de conquista de 25.000 kilómetros por la mañana y de regreso para el roscón de reyes al día siguiente, lo que de paso le servía para revalidar su corona. La bestia putinera se cree uno de los héroes parecidos a Aquiles, el guerrero más temido de la mitología griega: ¡que el mundo entero se ponga mascarilla y bozal y se prosterne ante el monomaniaco zar Putín! La decadencia del helenismo empezó cuando los esclavos convertidos en pedagogos de los hijos de sus antiguos dueños inventaron la *paideia basileus* - educación del niño/rey, crianza de los rosados cochinillos hijos de sus amos amparados por los gruñidos de sus potentados progenitores. Enseñados como reyes para que lo fueran, no porque lo fuesen, lejos de estar sobradamente preparados causaron la decadencia griega.

Aquellos pedagogos griegos criaron a una sociedad de hijos como los de Teodoro, y cuando ahora digo Teodoro estoy pensando en otros dos Teodoros más, el uno apellidado *Obiang Ngema*, bastarda corona de laurel a punto de ser heredada por su hijo, cuya trayectoria supera en crueldad a su asesinísimo padre. Y cuando digo Teodoro me estoy refiriendo también a Vladimiro de Putilandia, ese monstruo grande e indecente que pisa fuerte toda la inocencia de la gente. En el mundo, cuarenta y tantos Teodoros dirigen conflictos bélicos, venas abiertas por donde se desangra la historia.

En fin, que el señor venezolano Maduro diga que "Putin está siendo el gran líder de la humanidad", ¿a quién sorprendería? Un gran estadista de la humanidad alaba a otro gran estadista. Cada vez hay más líderes de humanidad y más jefes indios que caballos. -Te has caído, Ojo de pato -No, me has empujado, hijo de puta. No se sabe si hay humanidad y en qué consista, bucle que nos llevaría a todos al paredón. Al final, ante nosotros el sapiencial Qohelet: por qué a los buenos les va mal y a los malos les va bien, pero a su vez eso es demasiado complicado cuando no se sabe qué es el bien, qué es el mal, ni cuáles sus respectivos partidarios.

Y ojo. Los altos comisionados europeos que comparten sabrosos negocios con *Ras/Putín* o *Gas/Putín* no han desenganchado del todo el tubo del gas letal que comparten con él, porque son dueños del mismo negocio. Rasputín se labró la fama de gran sanador a través de la oración, razón por la cual -tras cortar una hemorragia del hijo de la zarina- espiritó a los Romanov, personaje hoy reencarnado en el *sumo popífice* Kirill, Patriarca de la Iglesia ortodoxa, que ha tenido la desfachatez de ungir a Vladímir Putin como "un milagro de Dios frente a quienes amenazan con destruir la unidad de Rusia". Por si fuera poco, el tal Cirilo o Kirill mueve el botafumeiro ceremoniosamente: "que Dios nos preserve de que la situación actual en Ucrania lleve al triunfo de las fuerzas del mal". Para este barbudo caballero las fuerzas del mal son los ciudadanos ucranianos que resisten como mal pueden el avance del Ejército ruso y los países que apoyan sumisos sus cantos de Circe.

En mi opinioncita, aunque no estoy en la trinchera y cualquier afirmación resulte presuntuosa, tampoco les vendría mal a los católicos de aquel país una estancia larga en las cárceles de Putin, las catacumbas no son para el verano

## El odio en la casa de Abraham

Llevado por la búsqueda de la identidad judía (*yahadut*), manifestaba Martín Buber: "detrás de cuanto dice David Ben Gurión yace el deseo de que el factor político tenga supremacía sobre cualquier otro. Él es uno de los que propone ese tipo de socialización que cultiva sus pensamientos y sus visiones tan diligentemente, que impide a los hombres oír la voz del Dios viviente. Esta secularización adopta la forma de una politización exagerada cuando el espíritu deviene una función de la política. Los políticos dicen esforzarse por el bien del Estado en el momento presente desde el ángulo que ellos estiman correcto, pero no que lo que piensan pueda contradecir la moral. Si alguien les dijera que su conducta es inmoral, lo harían callar poco ceremoniosamente. ¡Como si el egoísmo grupal fuera más ético que el egoísmo individual!".

En los años siguientes a la primera Guerra Mundial, Martín Buber devino el paladín del *humanismo hebreo* común a judíos y árabes en una República con un Estado binacional donde todos pudieran vivir pacíficamente concordes y en paz en Jerusalén contra la conquista de Palestina por las armas en el proceso de asentamiento judío. Buber fue desoído, pues la población judía de Palestina quería el Estado judío, un socialismo centralizado con escasa religiosidad. Y, no pudiendo ser a la vez judío y alemán, decidió ser sencillamente un ser humano para los seres humanos en el destierro después de la invasión de su casa por la Gestapo.

Pero el nacionalismo exacerbado es una enfermedad sin cura incapaz de solucionar la *discordia en la casa de Abrahán*: "no hay una escala de pueblos; ninguno es superior a otro; Dios intenta hacer a todas sus criaturas partícipes en su gran obra de creación. El nacionalismo es una enfermedad en el cuerpo de la nación. Tratando de curar la enfermedad, termina produciéndola. Cuando se llega a esa situación, la nación se transforma en un Moloch ante el cual se inmola a la mejor juventud del país, pues el nacionalismo que hace de sí mismo un ideal absoluto. El egoísmo colectivo no es mejor, sino más peligroso que el individual, y cae presa del pecado de soberbia. De síntoma que era de una enfermedad, se convierte en conjunto de enfermedades. Puede acontecer que un pueblo obtenga los derechos por los que luchó y, con todo, no curar: porque el nacionalismo falseado agota sus energías. Este falso nacionalismo desea imponerse sobre otros pueblos, sobre otros grupos de pueblos, y entonces la humanidad está en peligro".

Buber propuso desde el 1921 el bi/nacionalismo: "la voluntad nacional no está dirigida contra otra nación. El pueblo judío, que ha sido una minoría oprimida durante dos mil años en todos los países, ahora que ingresa nuevamente a la historia mundial como dueño de su destino, está liberándose de aquellos infames métodos del nacionalismo imperialista, cuya víctima ha sido durante muchísimos siglos. No para desplazar o dominar a otro pueblo nos estamos esforzando por retornar al país con el cual estamos ligados espiritual e históricamente de forma imperecedera, cuyo suelo ofrece suficiente lugar para que vivamos nosotros y las tribus arraigadas hoy día en él. Nuestro regreso a *Eretz Israel*, la Tierra de Israel con sus doce tribus, que adoptará la forma de una ininterrumpida inmigración, no se propone usurpar los derechos de los otros. Mediante una justa unión con el pueblo árabe nosotros deseamos construir *una patria común, una comunidad económica y culturalmente floreciente*, cuya estructura garantice a cada grupo nacional un desarrollo autónomo no conflictivo. Nuestra colonización sionista, cuya meta es la salvación y renacimiento de nuestra existencia étnica, no persigue la explotación capitalista de un territorio ni sirve a ningún designio imperialista en la región. Su sentido radica en el trabajo constructivo de un pueblo en un suelo común; en esto yace nuestra confianza de desarrollar entre nosotros y las masas trabajadoras árabes una profunda y duradera solidaridad entre nuestros intereses reales, la cual sobrellevará todas las diferencias en nuestras relaciones. Además de la conciencia de esta unión, un espíritu de mutuo respeto y afabilidad practicado en la vida privada y pública se desplegará en los miembros de ambos pueblos. Únicamente entonces el reencuentro de los dos pueblos podrá ir verdaderamente aparejado en un común destino de grandeza histórica.

Cuanto hacemos allá no tiene por objeto establecer un pequeño pueblo más en el mundo de los pueblos, otro diminuto Estado en el mundo de los Estados, otra criatura para las discordias del mundo, sino para instituir el principio de algo nuevo. El sistema abierto de *nacionalismo humanista* exige que juzguemos a otro pueblo de la misma manera que queremos que éste nos juzgue a nosotros, no de acuerdo con sus actos de bajeza, sino por sus actos de grandeza. Sólo un sistema de esta naturaleza es susceptible de educar a la humanidad. Sin duda que hay muchas cosas de los árabes *de Eretz Israel* que no nos placen (también las hay en nosotros, que me displacen), pero son ellos, y no nosotros, los que tienen algo que merece ser llamado con el nombre de *Eretz Israel*: que sus casuchas aldeanas de *felajim* brotaron del seno de esta tierra, pero las casas de Tel Aviv fueron levantadas sobre su lomo. No nos hemos establecido en *Eretz Israel* con los árabes, sino a su lado. Esta *contigüidad* de los pueblos asentados sobre un mismo país, en el caso de no convertirse en una *convivencia*, es forzoso que llegue a un *estar el uno con el otro*. No podemos regresar al mero *uno al lado del otro*. Pese a todos los enormes obstáculos que se oponen en nuestro camino, todavía está abierta la posibilidad de convivencia. Lo que ignoro es hasta cuándo dispondremos de esa posibilidad. Pero sé que, de no llegar a ello, no alcanzaremos jamás la meta de nuestras aspiraciones. Un *Estado binacional* aspira a una estructura social basada en la realidad de los pueblos que conviven en ella. Las bases de esta estructura no pueden ser las tradicionales, donde la mayoría domina sobre la minoría. Deben ser diferentes. Esto es lo que necesitamos, y no un *Estado judío*, porque cualquier *Estado nacional dentro de una vasta región hostil que lo rodea significaría un suicidio nacional*, y una base internacional inestable jamás podrá suplir la *intra/nacionalidad* que aún no supimos construir. Sólo si los judíos pueden ofrecer al mundo- un arreglo pacífico del Medio Oriente, el mundo cumplirá las demandas judías".

Siempre estuve con Buber en que el peor es el odio entre quienes invocan a un mismo Dios. Pero la gente invoca a Dios para matar al hombre y a Dios al mismo tiempo. Recordemos la guerra civil española: "una tarde tuvo lugar una quema de objetos religiosos en la playa, lo cual constituyó un triste espectáculo. El comité ordenó a todos que trajesen sus objetos de culto; imágenes, estatuas, devocionarios, reliquias, con el fin de quemarlos todos en público. Allí fueron las mujeres llevando sus objetos personales de devoción, la mayoría con evidente renuencia, más de una lanzando una triste mirada de adiós a lo que había sido parte de la vida de la familia. Ni el menor indicio denunciaba que alguien, a excepción de los niños, disfrutara del procedimiento. Estos, en cambio, lo veían como una diversión de primera y cortaban las narices a las estatuas antes de arrojarlas a la hoguera"[12].

---

[12] Borkenau, F: *El reñidero español.* Editorial Ruedo Ibérico, Barcelona, 1977, p. 89.

Que el judaísmo se haya convertido en mera judaidad sociológica ha llegado a ser la máxima lacra del pueblo judío. Si palestinos y judíos quieren religión, que acaben con la guerra y el odio; si quieren la guerra, que no recurran a la religión ni habiten la muerte cuyo reino no tiene fin.

# Buber y Mahatma Gandhi ante Israel

*Caminos de Utopía*, 1947: "hasta el día de hoy sigo convencido de que la única teoría social -y religiosa- de importancia es la anarquista, pero es también la menos posible en la práctica". Para Martín Buber el *socialismo religioso* de los sionistas cultos estaba animado por una profunda espiritualidad, por un anhelo de lo absoluto y de lo eterno. Semejante socialismo necesitaba almas conversas y activas contra las estructuras universales de pecado: 'religión sin socialismo es espíritu desencarnado y en consecuencia tampoco es verdadero espíritu; socialismo sin religión es carne des/espiritualizada, y tampoco verdadera carne'.

A la vista del devenir de los Estados no tuvo Buber más remedio que distinguir dolorosamente entre el *socialismo dominante (herrschende Sozialismus)* y el *socialismo religioso (religiöser Sozialismus)*. Entre ambos se abre una sima desviada de la originaria inspiración que consistía en poner el contenido del instante (el socialismo) en el sentido de la eternidad (la fe)[13]. Para este personalista libertario, el

---

[13] Abraham Schapira: *Werdende Gemeinschaft und die Vollendung der Welt. Martín Bubers sozialer Utopismus.* In *Pfade in Utopie.* Lambert Schneider Verlag, Heidelberg, 1985.

Estado no es el mal, ni el poder la encarnación de lo maligno, sino el estatismo y el poderío. Pero el Estado no le sobra a Buber, a diferencia del anarquista Pedro Kropotkin, a quien reprocha desconocer el papel benéfico que hubiera podido ejercer un Estado interesado en la colaboración con la sociedad civil. Toda revolución comunitaria precisa a la vez la revolución personal: "sólo cuando el hombre ha encontrado en sí mismo la paz -afirma Buber- puede ir a buscarla en el mundo". No antes ni después, a la vez. Todo confluye en el *Tú absoluto*. Buber no funda la relación con Dios en una *religión* establecida orgánicamente, ni en el culto o en la ley, sino en la *religiosidad*: "el encuentro del hombre con Dios no radica solamente en que el hombre se encuentre con Dios".

La paz del mundo seguirá siendo imposible sin la revolución personalista y comunitaria, es decir, sin las comunidades de personas de corazón puro. Desgraciadamente, pese a todas las proclamas, de los escaparates y de las propagandas, a veces son las jerarquías mismas de cada religión las que menos desean la paz, pues perderían sus privilegios, especialmente el de ser interlocutorios directos de Dios. El odio en la casa de Abraham ha llegado a ser entre judíos y palestinos insuperable, no solamente alimentado por las cúpulas de rabinos y ayatolas, sino entre pueblo y pueblo: todos sembradores de minas.

No se trata de creer o no en Dios, sino en qué Dios cree cada uno. Para que la palabra Dios resuene significativamente en quien la pronuncie tiene que venir cargada de contenidos, no vacía como si no nos conociésemos de nada y de nunca. No sé por qué se sigue pronunciando, aunque tal vez sí sepa para qué: para engañarle, para que justifique mi egocentrismo, para que alguien me libre del castigo de algún demonio y de las calderas de Pedro Botero, para que me sirva, para que me toque la lotería, para que me libre de la peste de la muerte, para que de su ubre pueda llenar mi tripa. Todo ello a cambio de nada: un dios máquina, una inteligencia artificial, y una guerra de exterminio.

El 1948 desplazó a más de medio millón de árabes de sus tierras, las cuales fueron parcialmente entregadas a los judíos a los que se culpabilizó enormemente por ello. Ante ello, Buber escribe a Mahatma Gandhi, favorable a la causa árabe: "sostiene usted -y para mí resulta de gran importancia lo que usted afirma sobre nosotros- que Palestina pertenece a los árabes, por lo que resultaría *injusto e inhumano imponer los judíos a los árabes*[14]. Yo formo parte de un grupo de hombres que, desde el instante mismo en que Palestina fue conquistada por los británicos, no cesaron de bregar por una auténtica paz entre judíos y árabes. Entendíamos y seguimos entendiendo por 'paz auténtica' que ambos pueblos administren el

---

[14]

Se refiere aquí Buber al escrito de Gandhi *Sobre la situación de los judíos en Alemania y en Palestina*, noviembre de 1938.

país en conjunto, sin que ninguno de ellos imponga forzadamente su voluntad al otro. A la vista de la norma internacional, esto nos parecía sumamente difícil, pero no imposible. Para realizar tarea tan ardua, cuyo reconocimiento debemos obtener aun contra una necia resistencia judía interna, necesitamos el apoyo de las personas bien intencionadas de todos los pueblos.

Pero he aquí que se presenta usted y liquida el candente y esencial dilema con la simple fórmula *Palestina pertenece a los árabes*. ¿Qué significa esto?, ¿qué un país pertenece a una población? Usted no pretende solamente declarar un estado de cosas, sino que un pueblo posea el exclusivo *derecho* de posesión del país en que se halla asentado y que ese derecho de posesión sea tan excluyente, que cualquiera que sin consentimiento se asiente en él cometa un saqueo. Pero ¿cómo conquistaron los árabes su derecho de propiedad sobre Palestina? Mediante la conquista colonizadora que, según usted, es un derecho de posesión, aunque las conquistas de mamelucos y turcos, que únicamente anhelaban la dominación y no la colonización, no merezcan en su opinión ningún derecho de propiedad, persistiendo inalienable el derecho de los conquistadores primeros que permanecieron en el país.

Llega usted a tales conclusiones por partir axiomáticamente de que un país pertenece a su población. Pero ¿y si Israel, ese pueblo migratorio a quien el país perteneció en un tiempo, también mediante la fuerza conquistadora, si ese pueblo arrojado fuera de las fronteras de su patria por la violencia del dominador aspira ahora a ocupar una parte libre, o que está quedando libre, del país, sin menoscabo del espacio vital de los demás, para tener al fin nuevamente un hogar nacional, una patria en que sus miembros puedan vivir como pueblo? Pero entonces surge usted, Mahatma Gandhi, exclamando: ¡no os acerquéis!, ¡este país no os pertenece! ¡Y lo dice, en lugar de ayudar a crear una paz auténtica que nos brinde lo que precisamos sin quitar a los árabes lo que ellos necesitan y sobre la base de una apreciación equitativa de lo que ellos necesitan realmente!

Usted se preocupa, mahatma, solamente del *derecho de posesión* de una de las partes y no indaga el derecho de la otra, el anhelo de una patria, de un terruño libre. Pero usted ha olvidado interrogar a alguien más y que también debería tenerse en cuenta. ¡Pregúntele que han hecho los árabes en 1300 años y qué hemos hecho nosotros en cincuenta! ¿No constituye la respuesta a esto un testimonio importante en una negociación justa sobre el 'a quién pertenece' este territorio? También a los conquistadores que se asientan en los países dominados se les da, creo yo, la tierra conquistada en préstamo y a la espera de lo que sean capaces de hacer con ella.

Nuestros colonos no llegan, como los colonizadores de los países occidentales, para hacer trabajar a los nativos por ellos; se empeñan ellos mismos, con su fuerza y su sangre, para hacer fértil el país. Sin embargo, no pretendemos acaparar su fertilidad para nosotros solos. Los campesinos judíos han comenzado a enseñar a sus hermanos, los campesinos árabes, a labrar la tierra bajo el sistema intensivo. Aspiramos a seguir enseñándoles y a trabajar codo a codo con ellos. Esto en hebreo se llama servirlos. Cuanto más fértil se torna este suelo, tanto más espacio habrá aquí para nosotros y para ellos. No queremos expulsarlos, queremos vivir con ellos. No deseamos dominarlos, sino serles útiles.

Tengo el deber de luchar contra la vileza del universo y contra la mía propia. Puedo dominarme para no combatirla con la violencia. No quiero la violencia, pero si sólo con la violencia puedo evitar que la maldad aniquile la bondad, espero emplear la violencia y encomendarme a las manos de Dios. Nada hay mejor para un ser humano que la justicia y el amor; hemos de saber combatir también por la justicia, pero combatir amando". Combatirlo amando. Buber había escrito en Jerusalén el 24 de febrero de 1939: "estoy a favor de la guerra cuando ésta es necesaria. No estoy a favor de la pasividad. Sin embargo, tampoco estoy de parte de la guerra por la idea de ganar. No soy un pacifista radical, no creo que siempre se deba responder a la violencia con la no-violencia".

Tras su exilio de Alemania, con ocasión de su jubilación en 1951, la Universidad de Hamburg (Alemania) le concede el premio Goethe "por su aliento hacia la reflexión supranacional y el humanitarismo en el sentido de Goethe". Sin embargo, pocas semanas antes de su muerte, aún se discutió en el Parlamento judío si aceptar la propuesta realizada por el alcalde de Jerusalén, de nombrar ciudadano de honor a Buber, pues los ortodoxos y los nacionalistas radicales se manifestaban en contra, aunque la gente se dirigía a Buber, como él mismo dice irónicamente, "como a un oráculo"[15].

Para su pueblo fue un embajador sin embajada, nadie es profeta en su tierra. Su editor y amigo Lambert Schneider le escribe desde Heidelberg en 1964: "cuando hace casi 40 años pregunté en la estación de ferrocarril de Heppenheim al empleado que me despachaba los billetes si podía decirme dónde vivía usted, él me contestó: "¿Buber, profesor Buber?, ¿es ese pequeño hombre de barba que lee siempre cuando viene a la estación, y mientras espera al tren?". Contra la avidez de honores bendice y da las gracias por todo y a todos. Tras su muerte el 13 de junio de 1965, el entierro solemne presidido por el presidente del Estado de Israel, Schasar, puso de manifiesto cuánto valoraba Israel a este profeta inconformista, El discurso principal corrió a cargo del primer ministro Levi Eschkol, y estudiantes árabes y judíos de la Universidad Hebrea arrojaron sobre su tumba uno de los pocos ramos de flores, algo totalmente inusual.

---

[15] Buber, M: *Der Jude und sein Judentum*. Lambert Schneider, Heidelberg, I, 1962, 186.

Me encanta esta *Danksagung* escrita a la caída de su tarde en 1958: "cuanto más viejo se hace uno, tanto más crece en él la inclinación a agradecer. Ante todo, agradecimiento hacia arriba. Ahora, más de lo que nunca hubiera sido posible anteriormente, la vida se recibe como un don gratuito, y cada hora que se vive se recibe como un regalo sorprendente, con las manos extendidas en agradecimiento. Después, agradecimiento una y otra vez a cada uno de los prójimos, aunque ellos no hayan hecho nada particular por uno. ¿Por qué, pues? Porque, cuando me encontró, me encontró realmente; porque abrió los ojos y no me confundió con ningún otro; porque abrió sus orejas y aceptó confiadamente lo que yo le decía; y porque abrió aquello a lo que realmente uno se dirigía: el corazón que estaba cerrado. Las gracias que aquí doy a todos no las doy a una totalidad, sino a cada uno en particular"[16].

Las guerras y las paces dependen también en grandísima medida de las personas que las llevan a cabo. Desde luego el paraíso en la tierra no es de este mundo, pero ni para judíos ni para palestinos habrá paz en la tierra, si no la hay en la tierra como en el cielo. Mientras tanto, tengo el corazón partido entre Buber y Gandhi.

---

[16]

Buber, M: *Nachlese*, p. 231. Otra *Danksagung* la escribe en 1963 para su 85 aniversario (*Ibi*, pp. 232-233).

## De Palestina a Israel, de Israel a Palestina: los muertos de los demás son nuestros propios muertos

A mi estimado Dr. Carlos Díaz:

Ya casi pensaba que lo conocía. Durante años he leído libros suyos, he escuchado decenas de videos de sus clases, charlas, entrevistas que en parte conozco de memoria, oigo su voz y hasta su entonación cuando se rebela y revela buscando sinceridades y verdades. Siempre he agradecido modestamente sus sabias enseñanzas, sus profundos y amplios conocimientos, su pensamiento crítico, puntual, su profundidad etimológica literal y metafóricamente hablando.

Yo no estudié filosofía, soy terapista ocupacional, estudié ciencias cognitivas y trabajé años en educación, fui directora 15 años de un colegio de educación especial en Jerusalem. Lo conocí por casualidad cuando buscaba profundizar en logoterapia, cuando me encontré por internet con una conferencia que dio en la Universidad de Galilea. Me abrió muchas puertas nuevas para mí. Por eso y mucho más estaré eternamente agradecida. Su supuesta humanidad cargada de pasión por la vida, la búsqueda de verdades, de valores en acción siempre me conmovió hasta lo más profundo. Nos conocimos virtualmente el año pasado cuando asistí a su seminario sobre las religiones, no sabe qué honor y que suerte sentí poder asistir a un espacio de diálogo con usted. Fueron semanas llenas de preguntas, estudiar después, me sentía privilegiada, Ya en ese seminario entendí que aunque sabe mucho de judaísmo, conoce mucho de filósofos judíos y sus conocimientos son admirables, también pude ver que hay muchos puntos ciegos en sus percepciones, que el conocimiento no siempre lleva a la comprensión, y que palabras gramaticalmente correctas no logran llegar a la experiencia humana. Le propongo que estudie la palabra school: לוכש

Estos días tan tristes, dolorosos e inexplicables para la coherencia humana lo he buscado por todas las redes sociales. Pensaba que tal vez usted nos podía dar un poco de luz. Busqué pero solo encontré unos artículos en el periódico *El imparcial*. Con ávida inquietud los leí. Solo al ver los títulos, *El odio religioso* o *Esas malditas guerras* me dio el sabor de que tampoco usted... Con sólo leer lo que tan filosóficamente explica me sentí nuevamente sorprendida y sobre todo tan apenada y decepcionada: ¿dónde está el filósofo Carlos Díaz, que va de tema en tema asociándolos, pero que no se pronuncia ni denuncia?

Cuando se trata de Israel o de los judíos, los estándares cambian.

Todas las guerras son malditas y dolorosas. Nosotros (Israel) no "hacemos la Guerra", yo no quiero matar a nadie, quiero vivir en paz, quiero que vivamos en paz. ¿Desde cuándo usted, que tiene ojos y corazón en cada tema y que sabe opinar tan bien con conocimiento y base racional y existencial, necesita de repente estar presente físicamente para opinar cuando la maldad, la hipocresía y la mentira están sueltas y han salido descontroladas como bestias brutales de odio de tantas manifestaciones pro palestinas que conllevan revolución y más odio, desde cuándo usted enmudece? Como usted aún cita (aunque sea de un gran filósofo al que como muchos otros filósofos judíos usted toma como manantial) la frase "solo si los judíos pueden ofrecer al mundo un arreglo pacífico del Medio Oriente, el mundo cumplirá las demandas judías", ¿qué actualidad tiene esta frase? A mi modo de ver poca, si solo es aplicable cuando se trata de judíos o del país de los judíos.

De lo que pasa en Gaza, estoy consternada por lo que pasó ese 7 de octubre en mi país cuando dejó un total de 1500 muertos, de ellos 1000 civiles, heridos y 240 secuestrados. Usted puede explicar en sus palabras, sabias y respetuosas el infierno real —esta vez un "bajar a los infiernos" no metafórico- que viven esos niños llorando por las noches, los padres padeciendo en cada respiro, ancianos pasando sus últimos días en cautiverio, jóvenes sanos y hermosos para los cuales y sus familias las vidas cambiaron en unos instantes y ahora están vivos o muertos en los infiernos de la maldad y la violencia. *Jamás* y sus ayudantes son personas que ni siquiera se pueden considerar como personas. Muchos intelectuales de izquierda, derecha, feministas los apoyan sin denunciar, se creen las mentiras o se las apropian, lo que es peor aun. Muy pocos son los que alzan la voz.

No pretendo en ningún modo ofender, pero me duele demasiado oírle en silencio ante tanto dolor e injusticia. Por favor siga manteniendo su integridad, muchos ojos se posan en usted, tiene libertad pero también responsabilidad. Lo dice usted mismo en sus conferencias. Dios quiera que sepamos de tiempos mejores. Susyc

Querida Susyc:
Cuánto te agradezco tus sabias palabras, y cuánto las lamento. Seguramente llevas razón, pero no puedo escribir lo que no siento, aunque esté equivocado.

Ayer denunciaba un lector palestino en un periódico mi posicionamiento, que según él es "bestialmente antipalestino". Con esto no abogo por la equidistancia entre judíos y palestinos, pues el término medio virtuoso sólo lo sería entre dos extremos virtuosos. España es un país cainita y no creo que podamos dar lecciones a nadie de convivencia ni de racionalidad. Si comenzásemos a reivindicar la memoria de los agravios entre los pueblos que derramaron sangre en este solar hispánico, la propia y la ajena, tendríamos que comenzar por matar a la serpiente del Jardín del Edén. Por España ha pasado todo, lo mejor y lo peor, los ostrogodos, los visigodos, los gépidos, los hérulos y toda clase de tribus cuya convivencia ha resultado imposible. Todavía hoy resulta imposible redactar una Constitución a gusto de todos, España es Ex/paña hasta tal punto que hoy mismo se reivindica como argumento político diferencial la memoria de los unos contra los otros en eso que llaman "memoria histórica" no siendo sino memoria histérica.

Si el planteamiento buberiano y otros similares más modernos aún es posible, recuperémoslo, actualicémoslo; si es imposible, matémonos unos a otros hasta que no quede piedra sobre piedra, y entonces llegará la "paz": para descansar morir. No creo que esto último sea un principio de razón suficiente ni lo mejor que pueda pasar.

Me repugna la política hipócrita del capitalismo europeo como me repugna la del imperialismo yanqui; ser apoyados por unos o por otros sería una resolución aún más triste que la dictada por las naciones supremacistas habidas después de la segunda guerra mundial. Y no oculto mi indignación contra el antisemitismo mundial que apoya al islam pues la cultura de este último pueblo me resulta abominable, algo que siempre he manifestado en privado y en público, oralmente y por escrito, aunque me haya costado el descrédito parcial como profesor de historia comparada de las religiones, pues lo políticamente correcto es la apuesta por cuanto humilla al menos a media parte de la humanidad, las mujeres.

Pero del "ojo por ojo" todos ciegos. Un niño muerto del bando que sea es una bala en la cabeza del diálogo. La razón fría no basta, pero la termocefalia sobra. Gracias por todo. La paz. Carlos Díaz.

# Elpidofobia, o la muerte de la esperanza

Según Machado la mitad de los españoles piensa y la otra media embiste, cálculo por demás generoso si se piensa en nuestro hemiciclo parlamentario donde la mitad embiste y la otra también, Cuanto más dura la embestida (y del mismo modo la embestidura o investidura) tanto más conspicuo el odio. Elpido/fobia designa el odio a la esperanza (*elpis*), la cual no es solo algo de lo que se carece (*diselpidia*), sino también lo siguiente, el no querer tenerla, el rechazarla fóbicamente. Hay quien carece de esperanza aunque quisiera, y quien no la quiere aunque la tuviera, razón por la cual linda con la des/esperación (*dis/espes*, diselpidia) o carencia de pie (*des/pes*) sobre los que asentarse o estar firme (*super pedem spes*).

La elpidofobia surge cuando tener esperanza resulta peor que no tenerla. Supongamos que alguien con un cáncer dolorosísimo vive en un puro grito, o que está tetrapléjico y desea morirse por encima de todo. En semejantes circunstancias algunas de estas personas prefieren la eutanasia o el suicidio porque no les merece la pena fijar su esperanza en alguna posible curación remota luego de un sinfín de sufrimientos, por el cual motivo les resulta discutible decir que la esperanza es lo último que se pierde. Nosotros no defendemos el suicidio, ni la eutanasia, pero así explicamos el proceso elpidofóbico.

Existen tres actitudes al respecto, la del *homo fobicus,* la del *homo patiens* y el *homo labilis*, que a veces se acuesta hacia la fobia, y otras hacia la esperanza, que no está donde tendría que estar, y que está donde no debería estar. La vida entera constituye un proceso de aprendizaje cotidiano -fáctico o contrafáctico- de una opción a favor o en contra de la vida, sin acción alguna indiferente a este proceso.

El error básico de la psicología materialista es que considera la esperanza como un proceso meramente biológico sólo dependiente de las hormonas o, como aseguraban los renacentistas, de los "humores" de las bilis y de sus atrabilis, reduccionismo psicológico que conlleva un reduccionismo antropológicamente materialista y mecanicista.

Hay personas que de repente aparecen destrozadas sobre el asfalto porque se han arrojado por la ventana o se han descerrojado un tiro en el paladar. Desgraciadamente hace unos meses he padecido lo primero con mis amigos caminantes, cuyo líder, siempre alegre y ejemplo de virtudes amistosas, no apareció el día en que habíamos quedado para emprender una caminata, y que tras varias batidas, apareció estallado e irreconocible en el patio de luces de su vivienda. Qué gran conmoción, porque ninguno del grupo ni fuera del grupo lo hubiéramos sospechado siquiera remotamente.

Y hay personas que, en medio de las más graves tribulaciones, como un querido amigo, resiste hoy alegremente contra viento y marea toda una serie de infortunios, de muertes familiares y hándicaps empezando por su propia enfermedad terminal, y las está ofreciendo por la humanidad desde su convicción de fe en el Cristo crucificado y resucitado. Su existencia es una existencia ofrecida, donada. Hoy mismo he hablado con él por teléfono y sigue dando gracias a Dios: "el Señor es muy bueno conmigo", ha musitado. Son vidas que parecen demasiado humanas por su cercanía con lo suprahumano y que abren misterios del más allá, como si se hubieran adelantado a lo visible y lo invisible. La realidad tampoco se explica aquí por procesos meramente bioquímicos. Ante tales personas nadie es capaz de desesperar.

El homo sapiens del "atrévete a saber" no se opone al *homo patiens* del "atrévete a sufrir". Sólo tiene sentido padecer "por causa de", que es mucho más que "a pesar de". Cuando la vida está dotada de sentido, apunta más allá de sí misma: la persona sufre mal si con su sufrimiento no ayuda a nadie. La donación de sentido que se produce cuando el sufrimiento pasa a ser sacrificio llega hasta el punto de implicar la vida propia y la de los demás. El sacrificio puede dar sentido a la muerte, pero el instinto de conservación sería incapaz de dar sentido a la vida.

**"Y no hicieron más porque no se les ocurrió, pues de habérseles ocurrido hubieran borrado hasta el nombre del pueblo, por lo mismo que lleva nombre de un santo"**

España ayer. Aquellos pobres campesinos, muertos de hambre y por lo mismo insurrectos, llegaron de sopetón al tribunal que les iba a juzgar sin la menor cortesía, sin presentar sus cartas credenciales ante las autoridades antes de reivindicar mejores salarios y peonadas dignas en lugar de maltrechos derechos. Lo más deplorable para el señor fiscal era que eso ocurriera en un pueblo como *San Vicente*.

Acusación del fiscal en la vista de la causa por insurrección anarquista en la localidad riojana de San Vicente: "lo primero que hicieron fue el intento de asalto a la Guardia civil de la forma más inicua e inhumana. No tuvieron ni la delicadeza de parlamentar como en otros lugares de la provincia. Aquello fue una locura, que yo espero tenga la justicia como sedante. San Vicente es un pueblo loco por las propagandas perniciosas y por la inactividad de las autoridades. Todo lo realizaron de conformidad con sus planes, y no hicieron más porque no se les ocurrió, pues de habérseles ocurrido hubieran borrado hasta el nombre del pueblo, por lo mismo que lleva nombre de un santo".

El letrado defensor redarguye: "se da el caso, señores magistrados, y este es un extremo que acucia los sentimientos y el cariño que por esta tierra en que nacimos tenemos la obligación de sentir, que todos los movimientos que en la Rioja se han producido han sido con la intervención de un factor sentimental eminentemente religioso. Un glorioso hombre de letras ha dicho recientemente que estos movimientos han surgido con mayor intensidad en donde mayor era el sentimiento religioso. San Vicente, San Asensio, son pueblos laboriosos que han constituido un orgullo para la Rioja en los que ha vivido como infiltrado en lo más recóndito de su alma un sentimiento religioso pleno de fervor. Hubo un día, corriendo el año 1073, en que los campos ubérrimos de la Rioja, durante aquel periodo que de una manera simplista se llamó de la Reconquista fueron recorridos por un hombre que se llamó Rodrigo Díaz de Vivar. Su yerno, don Ramiro, un enamorado de nuestros campos, queriendo dejar un recuerdo imperecedero para memoria de aquellos famosos tiempos, ordenó construir en la atalaya de San Vicente de la Sonsierra el magnífico templo a Santa María de la Piscina, cuya magnificencia evocan sus torres esbeltas, sus amplios torreones y anchurosos fosos, en los que más tarde habrían de construirse las bodegas que guardan los ricos caldos que son como la sangre de aquellos valerosos hombres del campo de la Rioja. Esta misma iglesia de San Vicente, mitad templo, mitad fortaleza, constituye una de esas estampas españolas que son como una enseña de nuestra Rioja y que ahora ha sido manchada con la sangre de sus propios moradores en los últimos sucesos revolucionarios de diciembre. Pero ya veis que estos hombres supieron respetarla porque era como un legado que habían de conservar hasta la eternidad en recuerdo de sus antepasados. ¿O no está ahí la famosa procesión de los Picaos, de nombradía casi universal? Esta es la tragedia en que han vivido, luchando día tras día por la existencia, los vecinos de San Vicente, porque en él impera todavía un sentimiento del feudalismo, y la tierra mal repartida originó la epopeya que tratamos de juzgar, la común al campesino de toda España, al que se coloca la etiqueta de tal pero no tiene un trozo de terreno en el campo y que, cuando más, gana un jornal mísero con el que apenas puede atender el sustento de los suyos. Si yo fuese acusador en esta causa, diría que los culpables de todo fueron las autoridades locales, las judiciales, y los agentes armados (el presidente llama la atención al orador diciéndole que no haga citas mal interpretables, aunque reconoce han sido hechas con la mayor mesura). Señores jueces, por el éxodo amargo de aquellas pobres familias; por aquellos pobres cuatro muertos, único daño sensible que resultó de los sucesos de San Vicente a los que, si yo tuviera la virtud taumatúrgica de resucitarlos, vendrían aquí a reclamar justicia, os digo: jueces, sed justos"[17].

---

[17] *8 de diciembre de 1933. Insurrección anarquista en La Rioja.* Textos recopilados por Enrique Pradas. Cuadernos Riojanos, Logroño, 1983, pp. 80-82. Diario *La Rioja*, 28 de enero de

Dejando aparte la amalgama de caldos riojanos, la Piscina de Santa María, y la proposopeya declamatoria, un poco más y el defensor convierte a la *CNT* de aquellos anarquistas en la CNT de *Curas no temáis*, y a la *FAI* en *Failange*. Por lo demás, hace no mucho tiempo se ha juzgado y condenado a penas ridículas a otro don Rodrigo, que no Díaz de Vivar, sino Rato, rato y consumado español ex/presidente del Banco Mundial. ¿Será porque conserva su bonita voz metálica recién salida de la babera, al modo de *El caballero inexistente* de Italo Calvino? ¿O será otro *deja vu?*

1934, pp. 37-38.

## Polarización izquierda-derecha, ¿a quién queréis engañar?

Bajo la crispada polarización ideológica se han exhibido siempre y todavía ante el mundo con su pelear de gallos las izquierdas-derechas en el acotado corral de clases dominantes, mientras el pueblo -sin dónde caer muerto- sigue entrando en el juego tras desoír el consejo de Juan Varela "no se remedian los males de la patria infamando en masa a cuantos, por suerte o mayor capacidad, toca regir sus negocios"[18].

Frente a la *izquierda,* internacionalista el ministro de la Gobernación manifiesta en 1871: "creo que en estos momentos no hay más que dos caminos; o con la Internacional o contra la Internacional; del lado de allá, los que están con la Internacional; del lado de acá, los que están con la sociedad en peligro: escoged". Para tener alguna idea de aquello basta con asomarse a cualquier Catecismo Civil de entonces, uno de los cuales, subtitulado "conocimiento práctico de su libertad y explicación de su enemigo en

---

[18] *De la perversión moral de la España de nuestros días.* Obras, III, Madrid, 1947, p. 1313.

forma de diálogo" (1808,) reza: P. -Decid, niño, ¿cómo os llamáis? R. -Español. P. -¿Qué quiere decir español? R. -Hombre de bien. P. -¿Cuántas y cuáles son sus obligaciones? R. -Tres, ser cristiano católico apostólico romano, defender su religión, su patria y su ley, y morir antes de ser vencido. P. -¿Quién es nuestro rey? R. -Fernando VII. P. -¿Con qué amor debe ser obedecido? R. -Con el amor que lo han hecho acreedor sus virtudes y desgracias. P. -¿Quién es el enemigo de nuestra felicidad? R. -El emperador de los franceses. P. -¿Y quién es este hombre? R. -Un nuevo señor infinitamente malo y codicioso, principio de todos los males y fin de todos los bienes; es el compendio y depósito de todos los vicios y maldades. P. -¿Quiénes son los franceses? R. -Los antiguos cristianos y los herejes nuevos. P. -¿Quién los ha conducido a esta esclavitud? R. -La falsa filosofía y la libertad de sus perversas costumbres. P. -¿Para qué sirven a este señor? R. -Los unos, para aumentar su altanería; los otros, como instrumento para su iniquidad; y los demás, para exterminio del género humano. P. -¿Qué dignidad tiene el hombre por ser español? R. -La de pertenecer a una gran nación, envidiada siempre por las demás, que en otros tiempos fue la maestra del mundo y el terror de los romanos, y en este siglo ha sido por su constancia el principio de la libertad de Europa, la que ha sostenido la dignidad de su nombre, y la que ha dado a todos lecciones del más acendrado heroísmo y fidelidad. P. -¿Qué sería de nosotros si las Cortes no nos hubieran dado la Constitución? R. Quedaríamos enemigos de la humanidad y de nosotros mismos, esclavos de Napoleón, que es poco menos que el demonio, desterrados del mapa de la Europa para siempre y, cuando cometiésemos el más pequeño delito, condenados al último suplicio, y después de él, si Dios no usa de misericordia con nosotros, destinados también por nuestras culpas al infierno"[19].

Mal casa ese relato con este otro del regeneracionista Lucas Mallada en 1890: "que digan a la capital de provincia o a la cabeza de partido más insignificante que, en nombre de las economías, se suprime su capitalidad; que digan a un lugarón cualquiera que su Universidad o su Capitanía general o su Audiencia, o su Obispado, o su Academia van a desaparecer. Ya veréis con toda evidencia que en España todos queremos vivir a expensas de los demás; ya veréis qué pronto el patriotismo se localiza. Ahora bien ¿qué clase de patriotismo es ése?, ¿es verdadero patriotismo? Que se trate, por el contrario, de crear en provincias uno o varios de esos centros burocráticos que tanto abundan: ninguna ciudad, ningún villorrio se juzgarían indignos. Todos los solicitarán afanosos, todos pondrán en juego las máximas intrigas; y, como todos queremos vivir a expensas de los demás, ya veréis obligado al Gobierno a otorgar. ¿Pero qué patriotismo es éste, se dan pruebas con esto de verdadero patriotismo?, ¿no veis con cuánto afán se solicitan puestos en la administración pública por exclusivo medro personal, haciendo alarde con el mayor cinismo de vivir sobre el país? En todo negocio

---

[19] *Breve catecismo político-español constitucional.* In "El Duende de los Cafés", 8 y 10 de abril de 1814, pp. 1161 y 1170.

que represente intereses del Estado ¿no veis sobradas pretensiones, sobrados abusos? Hasta en las mismas corporaciones oficiales, ¿no veis anteponer las conveniencias de grupo a las de la Hacienda nacional?". Como si fuera ayer.

En 1889 Vázquez de Mella, escribe en *La persecución religiosa:* "no queremos decir con esto, ¡Dios nos libre!, que se haya de prescindir de la propaganda en las luchas con la revolución. Antes bien, debe extenderse todo lo posible y emplear todos los medios legales que nos proporciona el liberalismo, pero sin perder de vista que la revolución es la fuerza, que ésta no se destruye sólo con el poder de las ideas, sino con el de los brazos. De aquí la necesidad de difundir la verdad y apercibirse para toda clase de combates, organizándose no sólo en cofradías, sino también en falanges poderosas que puedan en momentos supremos hacer temblar a la revolución, y aun derribarla y darla muerte. De donde que todos los que tratan de restar fuerzas y amenguar el vigor de la Comunión Tradicionalista trabajan contra el único núcleo social que puede oponer resistencia armada a los desmanes revolucionarios contra la restauración católica, aunque a veces sin advertirlo". En el mismo estilo arenga en su *Ideario*: "si la patria es una unidad religiosa y moral que une en íntima hermandad las almas, y ata con la divina lazada de la creencia y tradición común la serie de las generaciones y cubre con amor de madre bajo los pliegues de su manto a un pueblo que teje como una guirnalda su historia para coronarla, entonces una voz augusta y solemne como el clamor de una raza saldrá de los templos y de los hogares y de los sepulcros de los antepasados gritando con el acento imperioso del deber y el dulce de un sentimiento maternal: ¡ven a morir por la patria!, ¡Dios lo quiere!". A los correligionarios les galvaniza el 29/7/1902 con un sarcástico discurso *La Iglesia independiente del Estado ateo*: "al 'si quieres la paz prepara la guerra' se opone el axioma 'cuando uno no quiere, dos no riñen'. Pero ¿cómo se evita que riñan los enemigos con nosotros? Pasándonos a su campo (risas). En la nueva táctica, los católicos se deben pasar al campamento enemigo con armas y bagajes para rendirles homenaje cuando llegue el tiempo. Pero ¿cómo? Pues se acepta la bandera y la organización del ejército enemigo; más aún, se forma en sus filas, y ya no hay necesidad de ocultar con velos constitucionales el sol del ideal. Entonces se descubre resueltamente y, al resonar de las trompetas católicas, caen al suelo los muros de la ciudad anticristiana (risas)". Más papistas que el Papa y más monárquico que la monarquía, ataca cualquier desviacionismo monárquico: "el poder constituido en España no es una monarquía, sino una poliarquía oligárquica y alternativa, exornada con las apariencias heráldicas de la realeza antigua".

Un *Compendio de la doctrina catalanista*, premiado en un concurso en el Centro Catalán de Sabadell, reza: 'P. -¿Cuál es el deber político más fundamental? R. -Estimar a la patria. P. -¿Cuál es la patria de los catalanes? R. -Cataluña. P. -¿Tiene algún fundamento la distinción entre patria pequeña y patria grande? R. -Ninguno; el hombre tiene una sola patria, como tiene un solo padre y una sola familia. Lo que se llama patria grande no es más que el Estado compuesto por varias agrupaciones sociales que tienen la condición de verdaderas patrias. P. -¿Cómo debe ponerse término a esta imposición afrentosa para nosotros? R. -Estableciendo que todos los cargos públicos de Cataluña sean desempeñados por catalanes. Es decir, que los catalanes no son españoles; su patria no es España, no tienen nada que ver con ésta"[20]. Patria, patria, y todo patria, ¿fue esto el siglo pasado, la pasada semana, hoy mismo?

---

[20] Cfr. Díaz, C: *España canto y llanto. Historia del movimiento obrero con la Iglesia al fondo.* Editorial ACC, Madrid, 2001, pp. 76 ss.

## La crisis de las humanidades, o la humanidad en crisis

A mediados del pasado siglo en que comencé mis estudios, ser de ciencias (científico) se oponía a serlo de letras (humanista) y ambos se jactaban de su recíproca ignorancia del campo ajeno. A los catorce años se nos obligaba a optar por lo uno o por lo otro, algo que he deplorado toda la vida, pues amar las letras, la *humanitas*, debería consistir en vivir la condición de *homo al que* todo lo humano es propio y todo lo propio humano. Imposible ser de letras sin serlo de ciencias, ni de ciencias sin ser de letras, a la vez interesado en el *trivium* y en el *quadrivium*, aunque nadie pueda aspirar a dominar la sabiduría en todos los ámbitos de su vida.

*Los humanistas* del Renacimiento (conocedores *geisteswissenschaftlich* como Erasmo) sentían admiración por la antigüedad clásica, el latín, el griego, la cultura intelectual, moral, estética, antropológica y teológica. Poco a poco, en la Venecia de mediados del XVI, un grupo de escritores con formación humanista consiguió, tras muchos esfuerzos y contra corriente, ganarse dignamente la vida con sus plumas escribiendo sobre temas tan variados que por eso recibieron el nombre de *poligrafi,* algo que muy pocos han logrado desde entonces y yo tampoco, obviamente.

   *Los científicos* (*naturwissenschaftlich*) tildaban a los humanistas de anacrónicos, abstractos, llenos de vaguedades, repetitivos, incapaces de tomar el pulso de la experiencia. Y ya consideradas inhumanas las humanidades, en el año 2000 había en USA seis profesores de letras clásicas para cada alumno: ¿cómo justificar la inversión del erario público en las excesivas plazas ocupadas por los profesores de letras, pagadas con el dinero de los contribuyentes? En el inconsciente colectivo las humanidades devienen instituciones inútiles para personas inútiles. Hoy las universidades públicas de ciencias son consorcios empresariales que miden sus logros por la cantidad de dinero ganado cada año; convertidas en centros de capacitación profesional, los gobiernos las consideran prioritarias para el bien común, entendido como una forma de productividad rentable al servicio del sistema capitalista. De esta guisa la educación superior ya no es vista por los estudiantes como un ideal antropológico en sí mismo, sino como una etapa de formación para encontrar un trabajo lo mejor remunerado posible: el dinero invertido debe ser recuperado con los mejores empleos en el mercado laboral tecno/científico/económico. A nadie extrañará que el aprendizaje del latín y del griego, por ejemplo, hayan desaparecido: ¿para qué sirven los humanistas, y qué utilidad pueden ofrecer a esta sociedad interesada en otras cosas?

Para quienes evalúan a los especialistas en humanidades, *la investigación que éstos realizan no debería equipararse a la que llevan a cabo los científicos* , hoy considerados intelectuales de primera clase y por tanto mejor retribuidos que los de letras, que por eso mismo suelen carecer de autoestima y de reconocimiento social. A las universidades se les exige *calidad* medida a través de *indicadores cuantitativos* de acuerdo con criterios no académicos, de ahí que se hayan vuelto corporaciones regidas por *criterios administrativos* una vez equiparado el trabajo de los profesores a la *productividad* de cualquier empleado de empresa. En la jerarquía establecida, los profesores premiados y reconocidos con recursos económicos son los buenos, frente a los "malos", aunque no debería desprenderse de ello ninguna apología de la improductividad.

Lo que queda, con excelentes excepciones, es un humanismo desmayado impartido en las carreritas de "humanidades" para gente fina que estudia arte para terminar colgando el título en la paredes de su W.C, o para hacer escalas con piano de cola en los salones, en el mejor de los casos ciencias de la *simple* información sin capacidad formadora ni transformadora, sin contenidos existenciales, sabiduría inútil, superficial, desmayada, de calderilla, contra la cual escribió dignamente Karl Marx: "hasta ahora los filósofos han estudiado la realidad, de ahora en adelante ha de servir también para transformarla". Humanidades burguesas: decidme de qué presumís y os diré de qué carecéis.

La verdadera cultura humanista quiere tener hijos con la realidad, no sólo publicar libros en papel cuché, ni proporcionar diplomas u organizar graduaciones con birretes y togas en las interminables ceremonias de graduación con su *gaudeamus igitur*, que los titulados ni siquiera entienden. La cultura humanista no se inscribe ya en el marco inédito de "libertad/igualdad/solidaridad", pero *humanidades incapaces de pasar del humanismo al humanitarismo* no son humanidades; sin humanitarismo, tampoco humanismo, pues aquel enseña a promover el bienestar y el *bienser*, no lo primero sin lo segundo, ni lo segundo sin lo primero. El perfil humanitarista es el de persona profunda, y el afectivo la empatía, la honestidad, el respeto, la solidaridad, la curiosidad, el pensamiento crítico, en él sobra el "nosotros más, vosotros menos, ellos nada". El humanitarismo no sustituye las personas por las cosas, sino lo contrario: todo lo bueno que quieran ustedes que se haga con ustedes, háganlo también ustedes con ellos. Este sencillo axioma se halla en las grandes religiones y es también la *regla de oro* ética que pueden abrazar igualmente los positivistas filantrópicos acogidos a la mera razón. El humanitarismo no es una *carrera* de galgos ni de galgas con la lengua fuera tras la caza de un título fácil, ni un *dis/curso* de perros viejos que ladran sentados en espera de mecenas, es el quehacer para la dignificación y mejora de la humanidad. Sus diplomados, licenciados y doctores abren escuelas y cierran cárceles, incluidas las escuelas/cárceles, e incluso irán a la cárcel para que se cierren las cárceles.

Pero el queso de la filosofía lo han ido devorando poco a poco diversas especies de ratones, biólogos, médicos, fisicoquímicos, psicólogos, genetistas, matemáticos. Nada de eso sobra, pero ¿tienen competencia profesional y deóntica sobre felicidad, libertad, amor, corporalidad, sentido de la vida, bueno y malo, más allá, justicia, alma, o antropología, o todo lo cual ha pasado a ser para los "científicos" mera "metafísica", es decir, regaños de viejo desdentado descatalogados y recluidos en el arcón del desván? Resultado: los filósofos trabajan si pueden en gasolineras. Desafortunadamente otros oficios como el de verdugo se han mantenido con creciente utilidad, sustitución del humanitarismo por un codicilo para ratas que se han quedado sin su queso sobra.

El río del saber filosófico se ha quedado sin agua por agotamiento de sus fuentes; hoy no estamos en Mesopotamia, sino en *Anhidros* porque los encargados del mantenimiento de las redes fluviales no se han dedicado a ello con suficiente entusiasmo. Se dice que "la vida no debería doler tanto a tantos", pero también podríamos preguntarnos: ¿por qué no deberíamos sufrir más?, ¿a quién o a qué agradecer el sufrir menos pudiendo sufrir más por un bien mejor?, ¿por qué tanto aferrarse a ella soportando incluso horribles sufrimientos si la vida es tan mala? Aunque no pocos vivan como ratas porque han aceptado serlo, no lo son, ni con la peste bubónica lo son, ni con la involución *del homo sapiens al mono sapiens*.

## Polemós pánton pater, pánton basiléus

"De todas las cosas *Polemós* es padre, de todas rey", dicho áureo de Heráclito el oscuro que, según fama, terminó sacándose los ojos para no contemplar la tristeza de las cosas que mutan hasta convertirse en polvo, ceniza y nada. Este filósofo de Éfeso, máximo y más brillante defensor de la contingencia y de la caducidad de la vida, no lo pudo soportar, aunque uno de sus discípulos dilectos, Karl Marx, dio la vuelta afirmativa a Heráclito hasta convertir a Polemós en motor dialéctico de la lucha de clases: la negatividad del proletariado se alzaría con la victoria sobre la positividad del capitalismo. Empero, tampoco éste pudo quitarse de encima el fatalismo negacionista de Heráclito, pues la dialéctica nunca concluye, y ahí tenemos a Trump y a Putín pilotando la ley de Murphy: si algo puede salir todavía peor, saldrá. Toda victoria momentánea es derrota a la larga, incluyendo a Napoleón a la grupa de su caballo por la berlinesa Avenida *Unten der Linden* y al infeliz Max Stirner, que pese a creerse el Único murió de la picadura de un triste insecto.

Ni siquiera el inolvidable Caballero Inexistente de Italo Calvino logró vencer a todos los malhadados impelido tan sólo por la fuerza de voluntad y la fe en la santa causa de su señor Carlo Magno. No habiendo sobre la faz de la tierra Carlo Magno alguno sin algún poro que le haga magnamente vulnerable, yo, Carlomínimo, me contentaría con pasar de la *neurosis* a la *jocosis* dialéctica para de ese modo reírme con (no contra) los catalanes de su catalanismo impasible el ademán al lema de *Madrid ens roba,* Madrid nos roba, con un amor polémico, divertido, inteligente y pacificador, pues sin el humor lo polémico se convierte en bélico, y lo bélico en catastrófico.

Me horroriza el *homo trogloditicus* para quien un pecado venial es mortal y uno mortal conlleva la muerte instantánea mientras estabas orinando. Como dice mi sabio amigo caprólogo, "para el gusto de un europeo el queso tenía un sabor plano, sin ningún matiz interesante. Con todo, cuando tuve que dar mi veredicto, en lugar de contestar, pregunté: '¿éste es el queso que les gusta a los chinos?' -'Sí', me contestaron. 'Entonces es el mejor queso del mundo', concluí"[21]. Aunque haya libros que no tienen cabida en mi dura mollera, en cualquier estantería caben todos los libros, por cabezones que sean, incluso la luna con su redonda y sonriente cabeza. Cada loco con su tema, y mejor aún si son locos egregios como San Quijote Inmaculado de la Mancha, en cuyo honor estoy dispuesto a aplaudir

---

[21] Capote, J: *No sólo curamos animales. Un viaje por el mundo.* Mercurio Editorial, Madrid, 2019, p. 45.

incluso la argucia de los padres jesuitas, que "utilizaban un dilema muy astuto para mantener su barco a flote: si un padre jesuita no sobresalía por su bondad, entonces era sabio; si era tonto de remate, entonces era santo"[22]. De este modo, aunque sobresaliera por su beocia, por lo menos podía ser sano y santo en otra cosa. Siempre con buena voluntad te encuentras algún Tito al que podrías llamar San Tito, incluido el mariscal de Yugoeslavia.

---

[22] Sádaba, J: *Memorias comillenses*. Editorial Foca, Madrid, 2016, p. 8.

## Una cosa es la polémica y otra las malditas guerras

Me siento incómodo con alguien a quien no he decepcionado por lo menos una vez. Tampoco me gusta lo que digo que soy, incluido lo bueno que digo que soy, prefiero decírselo para que la verdad no se la coman los ratones. Si estos roedores defecasen las mentiras que han comido habría para grandes montañas de mierda.

De *Polemós* procede polémica, cuya degeneración es la guerra con su casposo "dale que te pego", nunca mejor dicho. Como polemista pero no belicista, nunca soporté mi traje de alférez, del que me deshice al día siguiente de mi licencia o licenciatura (ahora caigo en la cuenta de que soy licenciado en artes bélicas, que mal). Me preguntan si tengo algún motivo especial para no escribir sobre el conflicto arabo/israelí. No lo he hecho porque no he pisado esa tierra desde hace demasiados años (donde por cierto los israelíes me retuvieron encerrado unas horas nada más pisar la frontera, otra historia), y porque no veo salida convencional.

Cuatro son los tipos de nacionalismo. El primero es el de mi borrica, mi boñiga, mi huerto, mi pluma y mi mujer. El segundo es más resentido porque se siente atacado e invadido y reivindica hasta la extenuación todo lo ajeno como propio. El primero puede y suele tener su continuación en el segundo; indignado antes con la casta de los numerarios, cuando has conseguido la plaza sin oposiciones, o cuando te han creado una parcelita de poder, ya no perteneces a la casta, ideolecto de resentido pequeño burgués. El tercero es el de los enfermos mentales que, a falta de amores mejores, prefieren los dolores de muelas permanentes, aunque lo que hubiera debido extirparse son las raíces podridas, ortodoncia por la que se pagan auténticas fortunas. El cuarto es el nacionalismo etno/poli/mili/religioso, tanto más *etno* cuanto más defiende con Sabino Arana que una Euskadi perfecta dependiente de la España podrida no puede ser católica y española al mismo tiempo porque tener una religión común con los vecinos pecadores debilita la propia santidad.

La política suele fagocitar las creencias y a la inversa. Me displace la lectura de algunos textos del Antiguo Testamento en la liturgia católica, muy refractario como soy al levitismo de no pocos sacerdotes católicos que aún se creen descendientes de la tribu de Leví. Pero jamás defendería el islam de la *yihad* -esfuerzo por someter a los impíos enemigos de la fe-, ni la *umma* —madre de la perfección y de la santidad exclusivamente musulmanas-, ni los *partidos políticos de Dios*, ni su *cultura* de la intolerancia, refractaria de los derechos humanos porque supuestamente ofenden a los divinos, amalgama de anacronismos sin Renacimiento, Reforma, ni Ilustración. *Vade retro*.

No basta con no estar en favor de ninguno de los supracitados nacionalismos, hay que luchar contra cada uno de ellos, pues no hay nacionalismo bueno, todo nacionalismo convierte lo pequeño en ridículo, se infla hasta explotar, muere matando. *Cui prodest?,* ¿a dónde van a parar los mil/millonarios préstamos, subvenciones y condonaciones bélicas, detraídas de otras partidas presupuestarias más necesarias? El sujeto trascendental del nacionalismo es Poderoso Caballero Don Dinero, cuya hidra tiene las botas bélicas sobre la garganta de los pobres de la Tierra uniendo a los que mata y matando a los que une. Las guerras locales con sus respectivas banderas de corso devienen regionales y éstas mundiales gracias a sus correspondientes superestructuras económicas, jurídicas, intelectuales, políticas y militares, en cuyas pirámides de sacrificios siempre hay pendiente la subida de un escalón más.

El nacionalismo es el arte de la evacuación, su más cólica deposición. El enemigo es KK y KGD para evitar que se abran las aguas de la liberación del correspondiente Mar Rojo. Lo peor es que los exiliados se convierten luego en ultra/patrióticos tan pronto como asumen el poder. El río Jordán, ודריה רהנ, a pesar de su belleza etimología, siempre está vallado por fronteras de espinos; si antes servía para bautizar, ahora para fortificar las aberraciones, ese

Jordán omnipresente en México y en cualquiera de las metamorfosis de los Imperios de la carroña.

Bárbaros que insultan a otros son bárbaros para los cuales el poder es la posibilidad de hacer daño. Y, aunque Platón y Aristóteles fueron unos bárbaros respecto de los pueblos del entorno, Aristóteles al menos distingue entre el *akratés*, que quiere hacer lo bueno pero hace lo malo, y el *akolastós*, lúbrico desenfrenado cuyas reiteradas perversiones le llevan a convencerse de que obra bien cuando hace lo peor. Hoy no pudo evitar la rabia contra el turismo de la *manifa* con sus divertidos niñatos que desempolvan las palestinas alcanforadas en sus intifadas de la calle Serrano cual cucos que sacan la cabeza durante unos días, desaparecen después, y al fin reaparecen en las discotecas de la milla de oro.

El año en que nací, 1944, no nacieron todas las flores. Jean Paul Sartre, autor de moda en París, decía en sus *Reflexiones sobre la cuestión judía*, todavía con los nazis en los campos de concentración: "si un hombre atribuye la totalidad o parte de las tribulaciones de un país así como las suyas propias a la existencia de 'elementos' judíos en la sociedad, si propone resolver el "problema" privando a los judíos de algunos de sus derechos, apartándolos de ciertas actividades de ámbito económico y social, expulsándolos del territorio o exterminándolos a todos, se dice que ese hombre tiene opiniones antisemitas". ¿Sustituiría hoy Sartre 'judíos' por 'palestinos'? Si sí, yo le daría la razón. Pero no veo a muchos dispuestos a cancelar definitivamente la situación. En *Las manos sucias* (1948) el mismo Sartre presenta al activista político Höderer acusando a Hugo de ineficaz: "¡qué importancia le das a tu pureza, chico, nunca aboliremos la mentira negándonos a mentir!". Cuando el inmoralismo se embosca de virtuoso, verdad y mentira son la misma verdad y la misma mentira. A partir de ahí, luz verde: lo mismo da ser colaborador que colaboracionista. En *Los justos*, Albert Camus hace decir al asesino del gran duque de Rusia, Kalayef: "matamos para construir un mundo en el que nadie volverá a matar": el existencialismo mata las esencias en las existencias.

Joan Maragall, patriarca del nacionalismo catalán y hombre de *seny*, también sucumbió a esa peste: "lo característico del sentimiento catalán es ser a la vez un amor y un desamor: un amor a Cataluña que es un desamor a Castilla". Yo no me casaría con ningún amante tan peligroso. El mismo Unamuno, amigo de Maragall, afirmó que "sólo la eterna e infinita España, y no otras regiones es universal y eterna". Y eso por no hablar de Martín Heidegger, el nuevo divino Empédocles que en su barullo místico trascendental nazi escribió mientras presumía de purista lingüístico lo siguiente: "la palabra es el acontecimiento de lo sagrado; esta palabra aún no oída está conservada en la lengua de los alemanes". *Delirium tremens, Herr Heidegger*

## De un exceso de tranquilidad también se muere: el pacifismo taoísta

Con todos mis respetos para la belleza sapiencial y el magisterio de su doctrina, nunca he logrado superar las paradojas del pensamiento zen, que tantas simpatías despiertan entre los inactivistas activistas del no, cuya primera paradoja es "zen sí, pensamiento no; no puedes obtener el zen poniéndote a pensar ni buscarlo sin ponerte a pensar cómo", como si el zen superase al pensamiento. Lo siento, pero el pensamiento es la aduana de todo zen, y cuanto más pensamiento correcto más claridad, sin olvidar que el pensamiento se fragua en la oficina del estómago.

Segunda: si "hay que renunciar al pensamiento, a la reflexión, al análisis, a intentar algo, dejando que todo se resuelva por sí solo", ¿por qué existen tantas y tantas cosas que no se resuelven, ni solas ni acompañadas?

Tercera: si fuera cierto que "si callas, tu conciencia habla, si hablas, tu conciencia calla", ¿cómo pacificar tal desavenencia entre conciencia y subconsciencia?, ¿cómo distinguir lo diurno de lo nocturno, si el no ser "no despierta porque no duerme, ni duerme porque no despierta"?

Cuarta: si "los que saben no hablan y los que hablan no saben, pues todos estudian el canto de los pájaros en una colección de ruiseñores embalsamados", ¿cómo ampliar el campo de la ornitología construyendo también ciudades, hospitales, talleres?

Quinta: si "la vida es siete veces abajo y ocho veces arriba, pero la muerte ocho veces abajo y siete veces arriba", ¿cómo evitar la caída de la escalera en cualquier momento?

Sexta: si "nada frena el sufrimiento de la maza que nos golpea", ¿le digo a mi sufrimiento y a mi dolor que no son nada y que se vayan con su música a otra parte?

Séptima: si "la nada no puede ser llamada vacía ni no vacía", ¿da lo mismo la obesidad que la anorexia?

Octava: si "el nirvana es la cesación de todo", ¿es también la cesación del nirvana en favor de un meta/nirvana, a su vez necesitado de un meta/ meta/nirvana?

Novena: si "el pensamiento carece de dualidad, de acción, de afecto o de desafecto y es inefable, incomparable", ¿tendremos que afirmar entonces que lo más propio del ser humano es la negación de su condición humana?

Décima: si "el zen es una marea que al moverse parece estar dormida, y al estar dormida parece despierta", ¿no causará tal situación demasiada eco/fatiga?, ¿sin "hacer ruido o espuma, ni zumba en el oído ni sin estrujar el hollejo", cómo podremos gozar de su queda plenitud?

Undécima: si "este mundo está orientado a salir de este mundo", ¿estará la visión más realista de la vida en los tuaregs del desierto, y no en este bergante mundo repleto de tarascadas garbanceras y de cuchilladas triperas?

Duodécima: si cumplimos el "suprimid la sagacidad; descartad la pericia, y el pueblo se beneficiará cien veces", ¿quién nos librará de un pueblo necio e inculto?

Décimo tercera: si en verdad sometemos a prueba la exhortación "suprimid la humanidad, descartad la justicia, y el pueblo recobrará el amor de sus semejantes", ¿acaso no nos toparemos con un pueblo cruel antes que verdaderamente humano, justo y amoroso?

Décimo cuarta: si "el Tao es algo confuso e impreciso, todas las cosas dependen de él para existir, y él no las abandona ni pretende para sí sus perfecciones", ¿no necesitaríamos entonces una mano oculta, como la postulada por el liberalismo extremo, para regir los destinos, incluso los destinos difusos de la existencia individual y también social?

Décimo quinta: si el lema "sed sinceros, sed veraces, pues lo uno no va sin lo otro" fuese apodícticamente cierto, ¿tendríamos que negar que a veces se puede ser más veraz que sincero, o más sincero que veraz?

*Et in Arcadia Ego*. Podríamos seguir así en la exposición del Tao, pues cada afirmación taoísta respecto del camino nos parece una enmienda a la totalidad del sistema existencial. El trilema es el siguiente: o el taoísmo es una doctrina muy difícil de ser enseñada, o merece mejores pedagogos, o más que una enseñanza es un aroma engañoso.

En un mundo sobre el que arrecian chuzos de punta tanto en la paz como en la guerra ¿sirve no sacar de la vaina la espada y limitarse a construcciones retóricas, con más acertijos que aciertos? Jamás se logra la paz absoluta sin paces militantes, aunque éstas no sean militares. Necesitamos humor crítico para soportar tanta guerra: "almorzábamos en una fonda de La Mancha, cuando de pronto entró un hombre cargado con un objeto; vi que se trataba de una bomba,

Era, según explicó a los emocionados espectadores, una entre cientos de bombas que habían dejado caer la noche anterior sobre el cruce ferroviario de Aranjuez sin causar efecto alguno. La había trasportado en su automóvil más de cien kilómetros con el fin de traerla (¡una bomba sin estallar!) a casa como recuerdo"[23].

Hay que quitarle ceros al cheque en blanco de la paz para ser capaces de hacer violencia pacífica a la violencia -violencia no es guerra, la guerra está fuera de toda racionalidad-, pues la agresividad correctamente afirmada es la dignidad de la no-violencia, y no su cobarde negación. Para empezar, digamos con Sagasta: ya que gobernamos mal, por lo menos gobernemos barato.

---

[23] Borkenau, F: *El reñidero español.* Editorial Ruedo Ibérico, Barcelona, 1977, p. 133.

## Principios mágicos para diosúnculos bélicos

Habla el *Cándido* de Voltaire: "esta debilidad ridícula de aguantar el sufrimiento es tal vez una de nuestras más funestas inclinaciones, porque nada más necio que empeñarnos en llevar continuamente una carga de la que sin cesar queremos librarnos; nada más risible que horrorizarnos de nosotros mismos y estar apegados a nosotros mismos; nada más falto de sentido común que acariciar la serpiente que nos muerde hasta devorarnos el corazón". No se trataría, entiéndase bien, de acabar con todo apego, sino con el posesivo que destruye, pero sustituir el apego patológico por otro del tipo "tener algún *principio* cualquiera *a nuestra disposición*" tampoco sería un principio adecuado contra la *indisposición*, pues lo sano y aconsejable no es tener principios que nos tengan a nosotros, sino tenerlos sin ser tenidos por ellos.

El odio pesa demasiado. No siempre lo *firmis* evita lo *infirmis* enfermo e infirme. Los enfermos voluntarios no habitan palacios maravillosos y confortables, se van de ellos furtivamente sin pagar al casero. Las *utopideces*/*estupideces* de las "enfermedades voluntarias" son por lo general apoplejías prematuras, carencias adolescentes, ilusiones de ilusos. ¿Por qué los apologetas de la "vida cotidiana" se acogen a cotidianidades simploides, mercados de banalidades, que son falsos paraísos perdidos?

Cuando cualquier pijo/progre demoniza ignora que no está hablando de Dios, sino del diosúnculo/homúnculo que él mismo no quiere ser pero es sin querer queriendo. Marx proclamó que, cuando desaparecen los dioses, aparecen más brujas que nunca por escoba cuadrada, pero ¿qué brujas son las tales? Aldous Huxley noveliza en *Los demonios de Loudun* un hecho real sucedido en la Francia del XVII, la historia de un sacerdote -al que terminan quemando en la hoguera por falsas acusaciones- y de un convento de monjas en contacto con él y poseídas según ellas por el demonio, pero según Huxley por la ausencia de verdadera devoción, por el fanatismo, por los limitados alcances de la psique humana, y por la corrupción eclesiástica y del Estado. Las monjas supuestamente poseídas y el sacerdote supuestamente brujo provocan un morbo de tales dimensiones, que termina contaminando a todo el pueblo y a los pueblos vecinos.

Pues bien, *los demonios de Loudun* me persiguen, si no estoy demasiado paranoico, cada vez que alguien viene a mí sobrevolando con su escoba sin brújula pero con la carga de sus infectos traumas interiores. Entonces, o bien procuro alejarme de él, o si por cristiana caridad le atiendo diligentemente, preparo antes un exorcismo tan potente como el de Asterix para Obelix. Pero con las escobas de las brujas no barro, no barro y no barro, a menos que ellas intenten barrerme y arrastrarme.

Ya tuve bastante con la visión entre arbustos y matorrales de la magia candomblé en Florianópolis, Brasil, evento del que casi no sale con vida este apuntador. Y, si no me creen, es que tienen menos fe en mí que en los zombis. De todos modos, a quienes tengan la bondad de creerme siquiera tantito, les recuerdo que el candomblé es una religión totémica, animista y mágica que cree en espíritus omni-potentes de la naturaleza difusos entre un amplio grupo de deidades, las *orixás*, *voduns* o *nkisis*, las cuales actúan como patronas de la humanidad mediante la palpación de su inhumanidad, cuyos creyentes les rinden culto enfervorecido con profusión de gritos, éxtasis y ofrendas votivas animales mientras corren ríos de alcohol, todo ello según vayan demandándolo las mencionadas deidades, peticiones que -visto lo visto- no deseo para nadie.

La historia de la humanidad se corresponde miembro a miembro con la historia de la magia. ¿Qué tendrán los búhos o las lechuzas para que los romanos, tan supersticiosos, los considerasen capaces de presagiar desastres, llegando el reflexivo Horacio a afirmar que las brujas usan plumas en sus pócimas?, ¿por qué del águila, ave rapaz de vuelo rápido y sagrada entre las legiones romanas, se decía que producía rayos y truenos?, ¿por qué creían los ciudadanos romanos que los hombres que estaban perdiendo el pelo podían evitarlo con tan solo oler la planta del ciclamen?, ¿por qué el tañer de las campanas aliviaba sus dolores de parto a la parturienta?, ¿por qué las abejas, insectos sagrados mensajeros de los dioses, traían buena suerte?, ¿por qué a la peonía, flor así llamada por el poder de Peón, dios de las curaciones, se le atribuían propiedades curativas mágicas? Sobre todo, ¿qué mueve a credulidad cual si de un instinto inmutable se tratara, por qué y para qué sus interminables actos apotropaicos en defensa del mal fario, del mal agüero, del mal de todos los males?, ¿será un instinto complejo informado por el miedo a nuestra propia contingencia? Si es por algo, ¿por qué?, y si por nada ¿por qué? Pero ahí siguen los brujos buenos, los malos, y los regulares, unos jodidos y otros jodiendo, mientras la mayoría crédula espera a Aladino con su lámpara maravillosa.

Hay brujerías con magias *alopáticas* ("pasiones diferentes" contra la textura del yo mismo) y otras *homeopáticas* ("pasiones semejantes" a las del propio yo cuando éste ya deja de gustarnos), con sus guías para la elaboración de rituales con velas, aceites, tintas y demás. Los burros siguen volando, y sus promotores te ofrecen sus tarjetas de visita a la salida y entrada del metro; la gente se apunta a cualquier bombardeo de las vísceras, las cuales caen por debajo de la cabeza, del corazón, e incluso de la panza.

No pocos alardean de conocer las artes mánticas con pelos y señales en orden al futuro, aunque mientras tanto aquí abajo no sepan cómo encontrar un trabajo siquiera precario. Cuando el corazón dice una cosa y la mente otra, los mitos devienen amuletos para la buena suerte. Hace años, en la isla bonita de La Palma (Canarias), una maga o campesina me leyó la mano, y su enigmático veredicto fue: "usted piensa *demasiado mucho*", sin especificar más. Este oráculo, u orácula palmera -tengamos la fiesta en paz- Drácula o Dráculo tan cerca de mi yugular, se portó con dignidad al no pronosticarme nada concreto, pero tuvo bastante sagacidad, ya que lo de estudiar demasiado lo llevo en el rostro. Sin embargo, a los turistas más caedizos les inventan sin pestañear futuros abracadabrantes en constelaciones variadas y amoríos con toreros y bailarinas. Ojo, cocina.

# Los Congresos, o la guerra de las galaxias

Transcribo orgulloso de su amistad de tantos años estas palabras de Juan Capote, sin exageración una de las máximas figuras mundiales de su especialidad, las cabras, y en esa misma medida de los seres humanos. Científico de pro a la vez que hombre cercano, "de pueblo", persona tierna, sensible, generosa y dotada de un gran sentido del humor, se manifiesta así en su último libro: "no soporto a los ponentes que se toman su presentación como si fuera la única del evento y se alargan con el consiguiente retraso para el resto. Me parece una severa falta de consideración con los compañeros y con los organizadores. Desgraciadamente, estas personas siguen abundando y yo continúo cortándolas cuando lo considero necesario. En concreto, recuerdo el caso de un ponente argentino, que finiquitaba el tiempo que le correspondía cuando aún se encontraba en la introducción de su trabajo. Lo bajé del estrado impidiéndole continuar, y eso a la postre me valió el calificativo de dictador por parte de una dirigente cubana"[24]. ¡Como para contestar que no a un

---

[24] Capote, J: *No sólo curamos animales. Un viaje por el mundo.* Mercurio Editorial, Madrid, 2019, p. 45.

cubano o a una cubana, tan acostumbrados como lo están a vivir en un país libre en su versión Cubalibre!

Más de lo mismo: "en Constanza, Rumanía, se dio una situación peor, porque el dirigente que tenía la palabra hablaba en su idioma y no le entendíamos un carajo. Ante el creciente nerviosismo de sus compañeros de mesa, él se extendía y se extendía, hasta que una colega rumana de la IGA, con toda la delicadeza que su voz permitía, le dijo algo. Entonces el individuo montó en cólera y, dirigiéndose a nuestra compañera, le echó una gran bronca para, a continuación, seguir hablando como si nada el tiempo que le dio la gana". Me encanta tu indignación, querido Juan. Cosas tan pintorescas ocurren en cualquier país, y tú las relatas con rigor literario y fino humor. ¿Qué tendrá el gusano de la manzana humana, que cuando es distinguido por algún mérito, merézcalo o no, se vuelve tan poco distinguido en su conducta como un borrego respecto del otro?

Item más: "en la India, el día de la inauguración de un Congreso, el ministro que presidía el acto se presentó en un coche de alta gama y escoltado por lanceros a caballo. Dos días después, durante la intervención de uno de los ponentes principales, nativo de aquel país, sonó su teléfono. El individuo lo contestó brevemente en hindi, y prosiguió después su exposición como si tal cosa". Estas cosas pasan: "por supuesto, el ministro se había tomado todo el tiempo que quiso para su disertación, a ratos en inglés y a ratos en su idioma materno, pero nosotros no tuvimos la misma suerte. Según me habían comunicado sólo dos semanas antes, mi ponencia debía durar entre veinte y veinticinco minutos pero, al revisar el programa del evento, el tiempo había aumentado a cuarenta y cinco. Por tanto, decidí tomármelo con calma, pero a los siete minutos de iniciada mi intervención, el *chairman* me indicó que se me había acabado el tiempo. En estas circunstancias simplemente tiras la toalla…". O simplemente, querido Juan, vas y te enfrentas a aquella cosa viscosa y verde, aunque no te vuelvan a llamar más a ningún *simposio*, que como bien sabes en griego significa más o menos "emborracharse juntos", y así completas el título de tu maravilloso *No sólo curamos animales* con este otro subtítulo: *así se comportan las personas que pueden ser curadas de su animalidad…*

Tendrán cohetes que explorarán la cara oculta de la luna, pero jamás se apearán del régimen de castas aunque se encuentre oficialmente abolido. En casa de jabonero, el que no cae resbala. Y no sé por qué me malicio que la India no es el único lugar ideal para hacer Congresos, donde los altos científicos amalgamados con los altos burócratas siempre tienen quienes les abran la puerta, valga este apunte en una ciudad china: "después de descansar mínimamente, inicié mi trabajo en medio de las constates atenciones de aquellas amables personas. Puedo decir que la única puerta que abrí durante ese periodo fue la de mi habitación. Las del coche, restaurantes, granjas, aulas, me las abrían ellos. Incluso las del baño, fuera del cual me esperaba el estudiante para volver a cerrarla a mi salida".

¿Y qué decir de las fotos, argumento imprescindible para la demostración de la existencia del ego desde que Descartes escribió su *Dióptrica*? "De nuevo fotos con todo el mundo, incluidos los conductores de los coches de alta gama aparcados a la puerta del hotel donde se celebraba el Congreso. También la corporación del ayuntamiento, alcalde incluido, me pidió que posara con ellos para una curiosa fotografía". Y los autógrafos, y la banda de música, y el pasteleo, todo tan glamuroso…

Leído lo leído, me apetecería retitular a este libro tuyo *El libro de los Congresos*.

Querido Juan, maestro, reconócelo: fuiste a la India a hacer el indio. Pero el indio es el idioma común de los Congresos mundiales y de los regionales. Cuando alguien me dice, y obviamente no es tu caso, "pues Ego dio tal conferencia en…", o "Ego estudié con Heidegger" o con cualquier otro nazi metafísico, pienso: "¿pero a quién coño dio la conferencia este tío que sabe tan poco, qué estudió este discípulo que obtiene la ciencia por ósmosis vampírica de sus maestros?". Estos pollos tienen además pretensiones edificantes, pero son plastas más pesaos que una vaca en brazos y cada vez que abren la boquita es para desedificar, pues no ponen un ladrillo encima de otro y pescan en caladeros esquilmados. Pero no: piedra, argamasa, y mucho golpe, así se fraguan las grandes personalidades de las grandes personas.

Los Congresos con lanceros a caballo y el pueblo muerto de hambre a sus pies me harían vomitar, no voy a ellos, y cuando lo hago sólo para dar la conferencia y sin cortejo antecedente ni subsiguiente. Afortunadamente no me pirra el güisqui. ¿Serán éstas reflexiones de un octogenario fracasado que, "como el padre Cuesta sabe más de lo que dice, el padre Alejandro dice más de lo que sabe y el Padre Penagos ni sabe lo que dice, ni dice lo que sabe"?[25]. El riesgo de toda palabra es una palabra de más, pues son muy pocos los que pronuncian bien si no conocen, y otros muchos los que pronuncian mal aunque lo conozcan. Al menos entre el pobrecito gremio de los filósofos, a un "connotado" digno de pasar a los anales de la estulticia le llamaban "el Metafísico", cuando hasta la muerte no pasó de ser un Patán de cuerpo entero. Estas personas, apenas enterradas, se convierten en humo como en las chimeneas desde Auschwitz hasta Comillas.

Con lo bien que se está en casita con Fermín Salvoechea[26], médico anarquista al que llamaban "el apóstol de Andalucía" por haberse dedicado a sanar el cuerpo y el alma de los más pobres

---

[25] Sádaba, J: *Memorias comillenses* cit, p. 50.
[26] Vallina, P: *Fermín Salvoechea. Crónica de un revolucionario.* Editorial Renacimiento, Sevilla, 2012.

luchando por la justicia y la paz, un ejemplo de vida similar a la de Melchor Rodríguez, *el ángel rojo*[27], que antes que anarquista fue torero, como es preceptivo. Estas angelologías me gustan más que los jodidos Congresos, en los cuales cualquier sinsorgo puede quitarte la vida...

---

[27] Domingo, A: *El ángel rojo. La historia de Melchor Rodríguez, el anarquista que detuvo la represión en el Madrid republicano.* Editorial Almuzara, Barcelona, 2009.

## Como si polemizasen, pero quiá

Quiere la mala fortuna el *como sí*, más con el aparecer que con el ser, *como si* fuésemos lo que no somos, *como si* sintiésemos lo in/sentido, pero con los garfios al asalto, *fun morality*. Bajo la misma bandera andamos, simulación creída por creyentes en sistemas de creencias adictivas.

El Segismundo perplejo de la vida es sueño lo cargamos hoy sobre nuestras costillas *como si* realmente fuera un juego en cuya ruleta lúdica algunos tienen suerte *como si*. Son próceres libre/disfrutadores, estreñidos vejancones arterioescleróticos cual jovencitos narcisos, sermoneadores del "más vale que zozobre que no que falte", que han venido a morirse antes de la hora, algunos estudiaron algo de latín mientras eran seminaristas antes de exclaustrarse cuando olieron el mazapán, creyendo que *habeas corpus* significa "tengas bien el cuerpo". Aquella santa patrona de la calle Meléndez Valdés 6, 3º C, 28005 Madrid, España, aseguraba que mi compañero salmantino y dramaturgo Miguel Ángel Cobaleda Collado era más persona que los demás por ser más alto, hoy habría dicho con la coordinadora de

Sumar y de Añadir que nuestro amado Pedro Gómez el Grande es un *pibón,* pese a Quevedo: "ayer se fue; mañana no ha llegado; hoy se está yendo sin parar un punto; soy un fue y un será, y un es cansado", pues el *como si* es simulación creída por todos y por nadie. Por de pronto, ya inmersos en la borrasca, a esta *sociedad de autores* del *como si* hay que oponerle una filosofía del *como si no,* pues no es lo mismo el huevo que la concha del mejillón, cuya perfección de formas puede verse destruida por un elefante posado sobre el huevo para encubarlo, o por el zapato que hace estallar la concha del bibalbo.

Si ellos erre que erre, yo no que no. Nada de calimocho y garrafón, vivamos *como si no* el mundo de sus risitas flojas y sonoras carcajadas, riámonos del *como si sí,* no lo sofoquemos bajo el chapapote del sarcasmo, distingamos entre la risa del relincho del asno y el humor humano, entre el efímero coito del chorra y una relación de amor, entre un concierto de Loquillo (que no lo es tanto, aunque se lo haga) y una sinfonía de Beethoven. Hagamos *como si no* para que sea que no. De las risitas de jitanjáfora lo menos que puede decirse con Juan Ramón Jiménez es que el primero que dijo "dientes como perlas" era un genio, pero el último un imbécil.

Que no, que no, que el arte es una cosa y el artista es otra; que el artista no son sus pinceles; que una cosa es un mono "pintando" a brochazos chafarrinones y otra van Gogh, incluso con una oreja de menos o incluso sin orejas, ya vendrá Jaimito en nuestro auxilio.

Cuando un niño nació sin orejitas, su mamá le dice: -"mira, Jaimito, vamos a ver a un niño que no tiene orejitas, así que por favor no comentes nada al respecto". -"sí mamá, cómo crees". Sin embargo, embargado por la curiosidad, antes de despedirse pregunta: "señora, ¿su hijo va a tener orejas? Porque como siga así va a tener que ponerle las gafas con chinchetas". Pese a todo, las razones de Jaimito son una verdadera genialidad. Jaimito era un genio por connaturalidad, como Picasso, de quien se decía que cualquier cosa que se le pasaba por la mente la convertía en genialidad, o en urinario de oro como prometiera Lenin. Al genio le enfurece que le pidan repetir algo que salió de su cabeza puro y libre como a Palas Atenea, como también le enfurece añadir una risita sobre otra risita hasta convertir el charco de risitas en un hediondo pantano de lágrimas estancado. Cómo te recuerdo, amado Juan Luis Ruiz de la Peña.

Volvamos al *como si*. En su *Philosophie des als ob*, defendió Vaihinger la imposibilidad de conocer el mundo subyacente al aparencial, únicamente cognoscible *como si*. Tal escepticismo o realismo meramente tentativo es algo que gran cantidad de filósofos postuló *como si en su como si* latiese otra cosa que la nada, "como un hotel del cual diría que se parece a una casa de putas, si no fuera porque estoy convencido de que lo es".

El telón del gran espectáculo se levanta cada mañana para el contoneo del cínico: "detesto a quienes se toman la vida como si fuera una oposición a cátedra y procura acumular doctorados, méritos diversos, certificados, cursos de aquello o de lo otro, de lo que sea"[28], afirmación de un señor al que hicieron *como si* catedrático a la carta, con una farsante oposición regalada por ser vos quién sois, *como si* semejante alegría no diese vergüenza. Pues sí, así de *como si* se "ganan" las cátedras y las adjuntías y titularidades de quienes fueran interinos, pues ¿cómo denominar *oposiciones ganadas* por ese ganado, sin contrincantes, como el Llanero solitario? *Como si* la tarea del Héroe de la Cátedra con Programa Propio fuese lo más *diver* del mundo, sus volteretas circenses de los ayer revoltosos penenes son hoy hisopadas, ya catedráticos numerarios o supernumerarios, *como si* fueran del Opus Dei. *Como si* la casta Susana estuvieran contra la *casta*. Filántropos rebosantes de caridad, que tildan de atrabiliario a quien les desenmascara, son los *como si creyentes*, cuyo ateísmo convierte en monaguillo a Gustavo Bueno[29].

---

[28] Savater, F: *Mira por dónde. Autobiografía razonada*. Editorial Taurus, Madrid, 2003, p. 19.
[29] Sádaba, J: *Memorias comillenses*. Editorial Foca, Madrid, 2016, p. 61.

# Reír por reír, la guerra del aburrimiento

*Risum teneatis, amice*, no me hagas reír que se me parte el labio. Fastidiosamente fácil parécele a algunos la realidad, y por eso buscan lo *difícil*. No aman la vida bella, sino la vida bonita pero estúpida, y luego pasa lo que pasa: que huyendo del concepto caen en el esparajismo. Cuando el perro pastor traga entera la cabeza del ofidio alcanza unas cotas de felicidad absolutas, "ya no era pastor, ni hombre, sino un transfigurado que reía. ¡Nunca antes en la tierra había reído hombre alguno como él rió!". Es la risotada de Zaratustra, pero al menos él hacía algo, mientras que sus ridentes imitadores ríen por cualquier gracieta con sus nihilistas risas flojas de infantes de la Santa infancia con las huchas del Domund.

De todas formas, y para no amargarles dudando de su "derecho a la felicidad", que sean felices y coman perdices, y que les vaya de lujo sin jamás cansar sus mandíbulas risó/patas derivadas de sus ingestas de alcohol del *vomitorium* al *venereum*, risa eterna, salvada, rescatada, justificada y heraldo de una nueva genealogía de la moral que borrará de la faz de la Tierra a "los miserables, los pobres, los impotentes, los inferiores, los que sufren, los abstinentes, los enfermos, los deformes". Que el superhombre, "el héroe/pensador, el filósofo venidero"[30], raza de quienes pueden concederse todo lujo sin la tiranía de la virtud ni el ahorro, goce de una dicha jamás gozada, pase; pero ¿cuándo llegará ese escatológico paraíso inmanente con su aburrido maná y sus ordalías? Aun no siendo cartesiano, lo descarto.

Si yo tuviera sus remos de oro ya estaría en las Olimpiadas enmedallado hasta las herraduras al lado de los dioses olímpicos, los titanes al asalto y los héroes laureados, pero tales medallas áureas sólo las querría para revenderlas y terminar de hacerme el interminable implante de dientes que necesito para roer mejor el queso duro, como ratón de a pie. No me busquen, pues, entre los aros olímpicos, encuéntrenme, si así lo quieren, en la fragua de Vulcano machacando el férreo soneto de Quevedo: "alma a quien todo un dios prisión ha sido,/ venas que humor a tanto fuego han dado,/médulas que han gloriosamente ardido,/ su cuerpo dejará, no su cuidado;/ serán ceniza, mas tendrá sentido;/polvo serán, mas polvo enamorado". Vanas las carcajadas vacías de los pequeños carcajeadores con remos de oro, de plata, o de hojalata. El amor que mueve el sol, la luna y las demás estrellas es el principio de realidad contra la chocarrería puesta en solfa por Dante: "la alegría me envuelve en luz y veda/ que tú me veas, pues de ti me esconde/ cual gusano en su cápsula de seda"[31].

---

[30] Savater, F: *El autor y su obra. Nietzsche.* Editorial Barcanova, Barcelona, 1982, p. 130.
[31] Dante: *Divina Comedia*, Par. VIII, 52-54.

La risa tiene rostros de Jano, hay risas que educan mal y llantos que hacen llorar para que mejor rías, *qui pleure samedi dimanche rira*. Resultarían insoportablemente tediosos el sólo reír o el sólo llorar, cancelemos su simplista paparrucha lírica. Tanto las proclamas de amor cósmico como las del pesimista cósmico Schopenhauer resultan patéticas. Como dijera el estoico/académico Cicerón, "todos los que vosotros definís como amantes del placer son también amantes de lo bello y de lo justo, y todos continúan practicando la virtud".

Déjenme, pues, que les regale esta flor que me acaba de enviar mi amigo Miguel Ángel: "querido Carlos, te cuento una historia que te encantará. María, mi mujer, estuvo hace muchos años trabajando en la casa de Dámaso Alonso, cuando todavía vivía su viuda, Eulalia Galvarriato. Esta le contó que Dámaso sufrió en su última época un alzheimer galopante. Y que cuando ya apenas recordaba nada, un día le dijo: 'no sé quién eres, pero sé que te he querido mucho'. No la recordaba, pero recordaba el amor".

## Delulu is the solulu

Un verso de pie quebrado, *delulu is the solulu,* se ha convertido en el nuevo mantra de los jóvenes de la *Generación Z.* El "coach y filósofo" Carlos García lo ha viralizado para engañar a la desagradable realidad. Tanto a nivel sentimental como profesional, la novísima filosofía asegura que lo mejor está al alcance de tu imaginación, basta con que le des al chip del "espejo, espejo, espejito mágico" para que la bruja fea mute ante tus atónitos ojos en glamurosa y operadísima actriz de culto. *Delulu is the solulu,* basta con que musites confiadamente "quiero, dame, cómprame" para que obligues ejecutivamente al genio de Aladino a subvenir con perentoriedad tus deseos en la Era del Postrabajo. En adelante nadie se atreverá a negar que semejante poder de tu bendita imaginación constituya el paso del mito a la razón. Que trabaje Rutton, decía el viejo anuncio de lavadoras de los tiempos de Maricastaña. Lo pienso, lo quiero, luego lo hago existir en la medida en que puedo.

Hoy sin embargo, a lo que parece, la realidad está bien como está, y no corráis que es peor. *Finjo, luego existo* se ha convertido en la novísima fórmula que da capote y degollina a aquella marxiana "Tesis XI sobre Feuerbach": "si hasta ahora los filósofos se contentaron con pensar la realidad, de ahora en adelante hay que transformarla".

En este Edén juvenil de última generación la fruta del árbol cae sola más barata que nunca; contra las leyes del mercado, tú la puedes alcanzar en un abrir y cerrar de ojos sin moverte del sillón frente al televisor. Quien no progresa es porque no quiere o porque le faltan un par de hervores. Los jóvenes que después de pagar sus alquileres cuentan con sesenta euros al mes para todo lo demás son unos gilipollas por negarse a pensar según la infalible *delulusolución*.

¿Por qué, pues, los realistas se han vuelto tontos, si la economía ha demostrado que uno puede gastar lo que quiera con tan sólo darle más fuelle a la máquina de la inflación, pues cuanto más debamos, más ricos seremos y más podremos gastar sin doblar el tirante?, ¿acaso no son los EE.UU. de Norteamérica los que más dinero deben al mundo entero y sus deudas nos convierten a los demás en deudores de quienes nos deben? ¡Mejor para ellos cuanto más nos deban! Si vives como pensionista, si no has cotizado, si eres anciano, y debes ochenta y seis euros al casero (y este no es un caso único), cae sobre ti el peso de la ley y te desahucian en un abrir y cerrar de ojos, pero si un potentado debe decenas o centenas de millones a Hacienda está facultado para pleitear hasta que logre evitar o aminorar el correspondiente pago. Cuanto más moroso entre los morosos, más asegurada tienes la permanencia en el ranquin de los muy famosos, su deuda forma parte de la fama. Y si además de eso perteneces a la casta, pues ya ni digamos: serás perdonado, amnistiado, enaltecido bendecido, beatificado y promovido a los altares por lo civil. Qué vulgar, qué envidioso decir estas cosas, con lo calentito que podría estar con mi vaca, mis boñigas, mis albóndigas, mi mamandurria, mi moqueta, mi sillón, mi despachito, y mi pluma de escribir. Debo de estar muy mal de los nervios.

Pero volvamos al *delulu is the solulu*, nuevo ungüento amarillo, cuyo "imagina que algo queda" ha llegado a ser tan triunfante y demoledor, que ríete tú del viejo "calumnia que algo queda". Sin necesidad de ciscarse en el prójimo, basta con echarse a dormir en los laureles, como aquel Santiago Casares Quiroga republicano que, ante el levantamiento de la insurgencia, respondió pachón: "¿ah sí? Pues yo me voy a dormir". ¿Para qué las barricadas, si las ideas se defienden solas? Argumento ontológico: piensas en Dios, y Dios existe, o ni siquiera hace falta que pienses, basta con que te lo envuelvan bien esta Navidad. Vivir como si fuéramos guapos para ser guapos, sin necesidad de ser cerdos para ser cerdos, ahí lo tienes.

Y además está la ciencia pura cabeza de Extremadura para fundamentar el *delulu is the solulu* del citado coach y filósofo: "sabemos que esa confianza segrega en el cerebro dopamina, oxitocina y otras sustancias que estimulan la salud de las células, así como su regeneración. No es magia. Está comprobado que nuestro organismo funciona mejor desde un pensamiento que se anticipa el éxito. Hay estudios que relacionan este tipo de pensamiento con algunas enfermedades y su curación. No es que pensando positivamente nunca te constipes, pero será más fácil para tu organismo defenderse de determinadas gentes". Qué fuerte. Va a ser que nuestro coach y filósofo, físico, metafísico y patafísico, tras sus brillantes cursos de doctorado en la Universidad Camilo José de Cela, tan aficionada a los títulos mágicos por alquimia, es la panacea o, si estudió en el Ceu, la panaCeu...

En fin, ya está, no le demos más vueltas: para Antoñita la fantástica *anything goes*, todo vale, lo mismo sonrisas que llantos y ríos de lágrimas, todo lo fingido es real, y todo lo real es fingido *como si*. Hasta la revista *Fortune* se ha hecho eco de que una nueva hornada de aguerridos profesionales de la nada se apunta a la filosofía *delulu* para conseguir puestos de trabajo superiores a lo que les correspondería por formación o edad. "¡Cómo subo, cómo subo, de carcelero a verdugo!", la cosa está chupada: agarras una flauta, te pones en posición de flor de loto, y con tu santo turbante conviertes la simple cuerda enrollada en serpiente rampante al sol de los armoniosos sones de tu dulzaina. Queridos *delulus,* con un poco de práctica seguramente terminaréis diciendo algo sumamente inteligente, nadie podría negaros que tenéis la cara perfecta para salir por la radio.

Y adiós a las armas, nos habéis derrotado dialécticamente. Confesemos que los discursos filosóficos precisados de largas incubaciones no pasan de ser radicalizaciones meramente discursivas, argumentos especiosos de filosofías raquíticas, cicatrices mal cerradas por el resentimiento, ciencias mercenarias, tradiciones que sólo se conservan por pereza. Rotos todos los tabúes, y con grandísima habilidad habéis logrado evitar pulmonías con tan sólo el collar y el taparrabos. Lo importante es la gestualidad, la nube y el modelo Caperucita Roja (o mejor Caperucita Amarilla en la prensa rosa), las cremitas, la captación de fans a golpe de un solo clic. Hoy enardecéis a la juventud y a los adolescentes de espíritu (es decir, a los carentes de él), y mañana el Reino de los cielos es vuestro. El paso de la democracia a la *memocracia* está asegurado por vuestra *delulucracia*; a golpe de los clarinazos caerán por sí solas las murallas de Jerusalén. Con vosotros nace la Nueva Era, la verdadera Era de Acuario, una nueva Cienciología que hará palidecer a las estrellas de Hollywood. Ojalá que no pongamos el trasero para recibir otros placeres. ¡Maravilloso, a golpe de deseos sin barrer con ninguna escoba todas cuantas cosas sucias se ven por los bajos mundos!

## Los negros de Europa y este Bonmaison que les escribe

El negro es un mal color para los pobres. A las mulatas de Centroamérica "desde pequeñitas empiezan a educarlas en las familias donde sirven sus padres, ya para hacer recados, ya para cuidar de los niños, ya para servir a la mesa o ayudar en la cocina; cuando son mayorcitas lavan dentro de casa o llevan la ropa al río, planchan, cosen y hacen toda clase de labores de mano. Les enseñan igualmente a peinar a sus amas, mostrando algunas gran disposición para colocar la peineta, o las cintas y flores que suelen ponerse las señoras en la cabeza"[32]. No importa. Algunos siguen cerrando el puño izquierdo para que "la Fuerza nos empodere", como si estuvieran manifestándose el primero de mayo ante el lobo feroz. *May the Force be with you, que la Fuerza te acompañe* anda diciendo por ahí medio mundo influido por *La guerra de las galaxias*. El poder de *la Fuerza* se ha convertido en una especie de primo de *Zumosol* que trae buena suerte y esperanza antes de la batalla contra el Imperio Galáctico de la leche.

---

[32] González, I: *La mujer de Venezuela, ecuatoriana, colombiana y centroamericana en el siglo XIX*. Editorial Y griega. Madrid, 2020.

En aquellos tiempos los emigrantes españoles eran *Gastarbeiter* o trabajadores "invitados", la cosa tenía su cachondeito, pues laboraban durante las gélidas madrugadas en la *Bundesbahn*, cayendo como chinches por causa del hielo entre los raíles y perdiendo piernas y brazos. Los emigrantes, estabulados en grandes torres de sudor a las salidas de Munich y de otras grandes ciudades, segregados, atemorizados, acorralados y despreciados, pasto de las prostitutas desechadas por los alemanes que iban a buscarlos a aquellos guetos, tampoco hablaban alemán porque carecían de estudios elementales, muchos incluso analfabetos. Extremeños, andaluces, manchegos, gallegos, todos escuchaban a Antonio Molina y todos cantaban baladas al rosario de las buenas madrecitas del alma querida salidas de las maracas de Machín. Nunca antes hubieran podido imaginarse torres de Babel como aquellas, por la confusión de lenguas y la ingencia de las soledades. La emigración, los dos veces pobres, aquellos obreros "invitados" siguen siendo los *negros de Europa*[33] hoy denominados despectivamente por los gitanos "payosponis" por su menor estatura.

Y cambio de tercio. En el ramo corto de mi árbol genealógico doy en llamarme Carlos Díaz Hernández Gómez *Bonacasa* Santiago *Rodrigo* Marín *Rodrigo* así que, cuando los *Rodrigo* comienzan a repetirse, comienzo también yo a perder interés por los huesos

---

[33] Klee, P: *Die Nigger Europas*. Traducción de Carlos Díaz. Editorial Zero, Bilbao, 1973, 107 pp.

familiares a los cuales no alcanza mi olfato de galgo cazador. Retrocediendo hacia más ancestros, los *Rodríguez* seríamos los hijos de Rodrigo y por pereza endogámica los descendientes de los descendientes de los descendientes de mis progenitores se encasquillaron en los recidivantes Rodríguez requeRodríguez o requeterequeteRodríguez, y así hasta Adán Rodríguez y su señora Eva Rodríguez de la Rodriguera, pasando por Darwin, que vendría a ser Darwin Rodríguez. De mis apellidos pongo a salvo, eso sí, *Bonacasa*, al que me aferro como a un clavo ardiendo, no porque sea catalán, que no lo es, sino porque es francés (*Bonmaison*), y mi familia de bisabuelos más francesa que la torre Eiffel, que es la torre más alta del mundo, y eso sin contar con que ser francés es lo más que se puede ser, no en vano lo dicen los franceses mismos, indudables por axioma cartesiano.

Comprenderán que no bendiga el día *Dos de mayo de 1808*, *annus horribilis* en que los trabucaires y las chulapas Manolas faca en liga se echaron al monte madrileño contra los franchutes de Ex/paña. He ahí el motivo último por el cual me considero francés apátrida, así me habría librado de Jaime Balmes, el filósofo plasta del sentido común, y de otros coñazos escolásticos para ser catedrático de la Sorbonne. Aunque a lo peor me hubiera tocado en la Sorbona el tal Monsieur Foucault, un castañazo de indias para mis pobres meninges, oh la la…

Los Bonmaison, hasta donde tengo sabido, que es poco, vinieron del sur de Francia (Carcasonne) para trabajar en las vidrieras de las catedrales españolas, gremio al que pertenecía la flor y nata de los técnicos más cualificados[34]. Y ahí llegaron mis familiares desde la *Galia omnia divisa in partes tres* atravesando los Pirineos, nuevos Aníbales a lomo de sus elefantes. Pero la vida la escriben los plumillas y, como al burócrata del registro civil lo de *Bonmaison* le dio tufillo a librepensador, en lugar de *Bonmaison,* casa buena de la persona buena que cuida bien su entorno ecológico, nobilísimo *ethos* del que procede *ética*, escribió *Bonacasa* (Barcelona es mucho bona si la bolsa mucho sona). Aquello fue un genocidio lingüístico en toda la regla. No sé quien dijo que cualquier sitio es bueno para dormir.

No quiero mejorar mis demóticos, ni vestirme de seda como la mona, ni firmar mis libros con pseudónimos como Carlos Valdebezana, Carlos del Canal Ríos, que han formado parte de la

---

[34] Aristóteles (libro primero de la *Metafísica* y libro segundo de la *Física*) distinguió entre *episteme*, (conocimiento), *doxa*, (opinión), y *téchne*, (técnica). La *téchne* no era habilidad manual rutinaria y repetitiva como la del zapatero, sino que estaba vinculada a la *episteme* (conocimiento mediante razones y causas, actividad creativa interior) y a la *poiesis*, ciencia del ingeniero o del médico. *Teknikós* (de la raíz indoeuropea *teks,* tejer, fabricar, crear) es "el que crea" con destreza, superior a la mera experiencia e inferior al pensar puro, a diferencia del cual no es una pericia innata, sino el resultado de un aprendizaje de procedimientos conforme a un método, pues "la *areté* o virtud, es decir, la fuerza, la capacidad y la seriedad de un buen cuchillo es *cortar bien*". Ningún trabajo mal hecho es *aretológico*, axioma que aún toman en serio los países nórdicos: *trabajo mal hecho, hombre malo.*

trayectoria familiar. Pero Carlos Bonmaison, el hijo de maestros en pueblos perdidos, eso lo llevo con orgullo.

Pero los mañicos españoles, tan baturricos, tan buenos de corazón como duricos de mollera (*Hartnekichkeit*, dirían los cabezas cuadradas alemanes; *entiers,* duros de mollera, los franceses que así zahieren a los belgas), con sus cachirulos cantan jotas preciosas al son de su anacrónica declaración de guerra: "la virgen del Pilar diceé/ que no quiere ser francesaá/ que quiere ser capitanaá/ de la tropaá aragonesaá". Y, no deseando ser capitán (ya hice bastante el ridículo con mi estrellita de alférez), ni siquiera corneta de ningún sarao, con estas me despido.

## Los cabezotas

"Si uno va a dar su opinión sobre un tema debe conocer, comprender y comentar los lados positivos tanto como los negativos; si solo fuera por el ruido, la contaminación y la desigualdad que creó la máquina de vapor, nunca lo empezaríamos a usar", me escribe nuestro nieto noruego Andreas, vean qué nietos más chulos. Le asiste más razón que a un santo, su padre lo es, pero yo no tengo tanta paciencia, porque si le hiciera caso ¿cuándo comenzaría este pobre ignorante que soy a poder abrir el pico? Defiendo por propio interés el derecho a la incompletitud: "el hombre sano no padece, pero tampoco siente. Entre los que padecen, se amista más pronto que entre los sanos. Para que la concordia social se diese, todo el mundo debería estar algo enfermo"[35].

Entre escribir un sabio libro grande y una serie de pequeñeces insignificantes sólo puedo lo segundo, pues soy de escritura corta y cuando escribo largo y tendido no hago sino hilvanar trazos pequeños: hijo de un dios menor, héroe hoy pero cobarde mañana,

---

[35] Ramírez Ángel, E: *Vuelos de golondrina*. Editorial Sáez Hermanos, Madrid, 1925, p. 139.

sin poética de la acción cotidiana, cualquier inteligencia creativa tiene su inspiración en la traspiración y absorbe mi actividad, ¿quién que se halle totalmente absorbido por una ocupación se sentirá infeliz? "Este sentimiento aparece por contraposición cuando una parte de nuestro espíritu está desocupada, inactiva, cesante. Entonces advertimos el desequilibrio entre nuestro ser potencial y nuestro ser actual. Y eso es la infelicidad"[36].

A mí las ocurrencias no me abandonan del todo porque las construye mi consciente subconsciente, lo cual está muy bien porque brotan de lo profundo inasible, pero al mismo tiempo está muy mal porque dejo en manos de la conciencia periférica lo que debería pertenecer a la inteligencia central. Al menos una escritura tan caótica, al tocar todos los palos, muerde su propia cola como la pescadilla, y esta es también la razón por la cual algunos pensamientos parecen cabeza de león siendo cola de ratón. ¿Cómo llamaríamos a un animal que fuera solo cabeza y cola, un *cabecícola*? Pues pueden llamármelo. ¿Y cómo a un animal obstinado, incapaz de escuchar, tozudo y cerrado? Pues *cabezota*, pueden llamármelo. A los duros de mollera nos vale gorro ser denominados por aclamación personas *non gratas*, lo único que nos indigna es que no nos den la razón, pues siempre la tenemos.

---

[36] Ortega y Gasset: *Obras completas,* II. Editorial Revista de Occidente, Madrid, 2012, p. 81.

Cada cual hace su propio ridículo y con su pan se lo come. Lidiar con quienes jamás están dispuestos a dar su brazo a torcer ni a abrir su melón para que alguien lo cate, esa es la catadura epistemológica de los cabezones que sostienen haber venido al mundo para gustar a todo el mundo, algo que ni siquiera ha logrado el jamón de jabugo. Como fuere, hasta hoy no he podido saber si son más soberbios que torpes, o más torpes que soberbios. La carencia de empatía con que van por el mundo creyendo que las opiniones que de los demás les son contrarias son meras ganas de fastidiar. Para no desesperar haría falta la paciencia de los fósiles pleistocénidos. Por lo menos ellos no tenían abierta aún la fontanela de su cráneo como algunos niños pequeños.

## Anécdotas polémicas esdrújulas que no amenazan con volverse esdrujulísimas

La vida es tan seria que de ella no faltan anécdotas jocosas; no es que la vida sea una anécdota, pero tiene mucho de anecdótica, la verdad sea dicha. Sean verdaderas o falsas, ante la pregunta de si hay que dar más a la vida que a la anécdota o a la inversa, me inclino a pensar que hay que dar a la vida lo que sea de la vida y a la anécdota lo que sea de la anécdota, pues siempre será mejor una respuesta astuta que una pregunta malintencionada. Mas ¿qué pasaría si del César no fuera absolutamente nada? Pues que nada habría que darle, ya está, por eso al César no quiero verlo ni en pintura, como tampoco a sus alevines, mochileros con la corona cesárea, aunque sea desportillada y corroída por la propia herrumbre y el propio orín, tanto más cuanto menos se sienten a la altura de sí mismos. No quiero estar a la altura de mí mismo como el rey que rabió.

Lo anecdótico, lo sustantivo insustancial, forma en mí una mancuerna tal, que cuando me invitan a dictar alguna conferencia me centro en las anécdotas concomitantes, quizá pierda un cierto rigor (un *rigor mortis* cierto), pero tal vez llegue mejor a la gente de menor galibo. Me sorprendo cuando se me recuerdan algunas anécdotas rizando su rizo por encabalgamiento hasta desvanecerse respecto de la realidad, tanto que ya no las reconozco como propias. Si fuera capaz de agavillarlas echando el brazo atrás, se las regalaría a mi admirado amigo Gerardo Mendive, amoroso anecdotista con su pícara inteligencia creativa sin quitar ni poner cual corresponde a los mejores. El arte está en acuerpar el relato, en reencarnarlo a capela para que sea devorado libremente en su rincón.

Ayer comí con Juan Biosca, cuyo hijito nació con mil problemas físicos, y cuya vida fue censada médicamente como demasiado cercana a la muerte. Durante la conversación (¡cuán procedimental es la memoria de los viejos amigos tanto para crear como para destruir recuerdos!) rememoró emocionado que mi escrito homiliaco leído durante el entierro de su hijito gustó tanto a los asistentes, que algunos miembros de la Comisión Diocesana (C.D.) de HOAC le preguntaban extrañados por qué dicha comisión no tenía conocimiento del tal escrito. Mi buen Juan tuvo que armarse de paciencia y responder que aquel escrito distribuido en papel a los asistentes con la firma de C.D. respondía sencillamente a las iniciales de Carlos Díaz. Desde entonces, cada vez que leo Cuerpo Diplomático (C.D.) en la matrícula de algún coche suntuoso me vengo arriba.

El escrito rezaba: "sin cumplir tres años a finales de enero, moría Guille Biosca en Valencia; para él parecen pensados estos versos de Julio Maruri: 'pasar de niño a flor, ave en el aire, en un instante quiso un niño. Pasó por este mundo como un pájaro pasa de estrella a estrella, de camino, dejando un tierno trazo puro y triste y un perfumado aliento tibio. Pasó... Fue un delicado sueño, un aroma de junco atardecido. Pasó llevando hacia otra vida su inaccesible vuelo herido. Un niño muerto, que crecía, en tierno tallo convertido. Creció, creció en el aire, fue ascendiendo, como la tarde de verdor y trinos y, al fin, fue el niño un árbol, primer árbol del cementerio de los niños'. Veo la última foto de Guille tomando el sol en una playa, erguido y sonriente apoyado en una sombrilla y abriendo gozosamente los bracitos, vestidos de una camiseta en que se lee: *difunde Noticias Obreras. Hoac.* Por voluntad de sus padres fue Guille el más joven militante de HOAC y también el más antiguo, ya que debe su nombre a la memoria de otro Guillermo que murió de puro niño, Guillermo Rovirosa, el fundador de HOAC..

Ante esta fotografía una breve reflexión: el anuncio con más fuerza apostólica viene de los débiles, de los frágiles, de los enfermos, de los pobres. Sólo ellos testimonian la riqueza de su pobreza anunciadora. Bienaventurados los pobres, porque luchar contra la pobreza sólo se puede desde la pobreza misma, ya que sólo se libera lo que se asume. Pobre se es de muchas maneras, pero hay una forma limpia de serlo, que es la de generar energía para el encuentro enriquecedor, difundiendo la buena aventura de saberse enriquecidos por Quien se hizo pobre de verdad. Ese es el sustrato profundo desde el que la Iglesia ha de luchar pacíficamente con todas sus fuerzas contra el hambre criminal, contra la violencia y contra la injusticia estructural. Solo si ella misma es pobre, podrá denunciar no sólo la abundancia de los unos a costa de la escasez de los otros, sino también la ideologización de la pobreza llevada a cabo por una vanguardia farisea con jerga teologizante.

Nada se parece más a Cristo que la inocencia que sufre, que es espejo de la fe en medio del enigma y de la noche. Los pobres de Jahvé, los últimos, los desheredados, los que no entienden nada de "línea correcta", ni dominan la Ley, los pecadores arrepentidos que necesitan ser salvados, reciben la fuerza de su transformación de la debilidad de quienes sufren por amor con ellos. Si Cristo fue pobre desde su ser sumamente rico, no estamos desesperanzados ni abatidos. Resucitó como dijo: has vencido a la muerte, Guille. Seguirás vivo con nosotros. Esa es la noticia que hay que difundir. C.D"

## Mi guerra entre la espada del culteranismo y la pared del conceptismo

Algunos lectores me dicen que les tengo declarada la guerra por la dificultad de mi palabrerío. Es una guerra de Díaz contra Díaz o de Kramer contra Kramer con efectos colaterales. Al entregar a mi bondadoso editor este libro después de esa última o penúltima mano que según Ortega es todo y es nada, caigo una vez más en la cuenta de lo desmedidamente complejo de mi estilo neurótico incapaz de dar la última puntada y de decir con el espíritu más determinado "ya basta, hasta aquí, se acabó, nunca más". Pero el autor barroco vuelve al lugar del crimen con retoques sobre su propia partitura.

El barroco es una obsesión que marea como el olor a incienso o, si se prefiere, como un bebedizo de la madre Celestina capaz de virar y revirar tu cabeza hasta terminar contigo en cualquier momento. Eso me pasa. Cuando tomo asiento ante los grandes retablos de las iglesias barrocas mexicanas a mi alcance, o de cualquier otro país centroamericano y me pierdo en sus frondosas hojarascas, se desvanece en mí el sentido de la vigilancia, es una como

experiencia mística que me trasporta al abundante follaje selvático
donde cede el espíritu reflexivo conceptual.

La exuberancia barroca del rococó me displace, tan recargada
y tan blandita, aunque disminuye mis tensiones interiores y amortigua
el tictac del propio diapasón, por eso es una experiencia, aunque no
terminal, sí determinante y omniabante, que no logro controlar o
concluir. Pues cuán fantástico lugar podría ser para dejarse habitar,
para quedar acogido y sobrecogido bajo el signo del descontrol por
exuberancia y no por el frenesí de la adrenalina. Sin embargo, cuando
termino de contemplar las totalidades barrocas me entran ganas de
resumir lo en ellas sentido, vana ilusión obsesiva por el afán
taquicárdico de sintetizarlo todo. La cosa es devastadora, pues mi ojo
redondo nunca concluye el zurcido, ni el recosido, ni la ilación y,
buscando adentrarse en lo nebuloso deshilachado, causa nuevos
girones y flecos y cicatrices sobre las viejas cicatrices. Poco a poco
deshila la vieja el copo.

El barroco es el momento de la idea o con/cepto -lo
concebido conjuntamente, dijo Hegel- donde se ha superado y ya no
existe separación alguna entre lo interior y lo exterior, la concepción
sintética de lo múltiple. No hay en el concepto lugar alguno donde
darse un respiro a pleno pulmón. Boa constrictora que te traga en tu
totalidad, el barroco es tan mortalmente dorado que mata incluso al
aporético rey Midas, que murió por falta de poros o respiraderos,

como esas enormes tinajas de vino de las grandes bodegas que contemplé de niño, en cuyo fondo se ahogan a veces, por culpa de sus vaharadas etílicas quienes descienden a sus infiernos para limpiarlos.

El barroco es el cuento de nunca acabar, las mil y una noches, las mil y una capas que todo lo tapan sin última capa. Es *incapable*, término que en el idioma francés no significa exactamente lo que en español, sino *incapaz*. El barroco es la incapacidad que para todo nos capacita, la pulsión desmedida detrás de cuyos arabescos se agazapa el kantiano sueño dogmático de la racionalidad. Frivolizando un poco, tendencia de mi escritura, el barroco es como el salón Romerales, sabes cuando entras, nunca cuando sales; o como aquel infausto catedrático de griego del segundo curso de comunes (como los presos) dentro del Palacio de Anaya de Salamanca, cuyo desgraciado lema hubiera podido ser a tenor de su impresentable comportamiento "ya que no somos puntuales para entrar, seámoslo para salir". Valiente desgraciado.

La única forma de salir de la neurosis de repetición barroca sería la germanía culteranista bien tajada con sintagmas de color azul como las queridas por el falangista José Antonio Primo de Rivera para las camisas de sus falangistas: sobrias, netas, enteras, varoniles y proletarias, auténticos hachazos de humanidad, luceros iluminando la noche oscura perfumándola con el olor de las rosas y de los luceros.

Pese a todo, el obsesivo barroco en su forma culteranista y a la vez conceptista es el estilo en el que creo moverme menos mal, aunque algunos de mis lectores tal vez puedan no opinar lo mismo, dado mi carácter sintético, el de la frase omni/envolvente por encima de las dispersas. No deja de ser un poco muy triste, y algo o mucho de eso hay, cercano a esas fuentes en las que no cesan los trinos de los pájaros en torno a sus aguas, pero con resultado de algarabía y no de sinfonía. Incapacidad guestáltica, dicho con formato más psicológico.

Lo contrario del culteranismo es el *conceptismo* sentencioso, gracianesco, brevílocuo, que -parte sana de mi mente insana- me fascina por su elegante aticismo y su culta epigramática. *Bonum si breve bis bonum*, lo bueno si breve dos veces bueno. No muchas palabras, sino mucho decir, *non multa sed multum*, por volver a las sabias reglas gramaticales latinas. Aunque no estén mal las muchas palabras y muy recargadas de citas y de alusiones a sabios de todas las épocas, mejor las concisas y escuetas cercanas al silencio, más vale idea en mano que cien palabras volando.

De todos modos, ambos aspectos, el culterano recargado y el conceptista tonsurado, limpio como una raspa de sardina roída por el Piyayo de García Lorca, que tanto gustaba a mi padre recitar, laten en el corazón de mi humilde, verdaderamente humilde pluma. El culteranismo ahoga la tinta de mi tintero dejando caer borrones de cuando en cuando sobre la página que hubiera querido ser impoluta; el conceptismo, apenas mojado el cálamo currente, por su exagerada y magra morigeración y su abstracto eidetismo dificulta también la inteligibilidad de mi escritura. El culteranismo ahoga por plétora, el conceptismo por escasez, pero no creo que haya una tercera manera de escribir, aunque lo más posible sea que yo no la he encontrado ni a estas alturas la vaya a encontrar. Pero lo que es renunciar, no renuncio.

Dicho esto, mucho me temo que ni como culteranista ni como conceptista logre escribir de forma deseable para todos, a pesar del firme y sostenido esfuerzo pedagógico invariable a lo largo de mi vida.

## La guerra de los extorsionadores

Duele la patada según quien nos la dio; a veces, si son muchas sobre la misma herida, la herida pasa pero la cicatriz queda. A ciertos individuos infames no les importa demasiado hacerme una guerra de asedio implacable con la esperanza de que al final claudique abandonando mi polemicismo, los muy hideputas. Tampoco les importa que las leyes prohíban severamente ese escrache, pero desde hace más de diez años, convertidos en moscas ultracojoneras, me llama por teléfono diariamente un grupo de delincuentes cuyas voces conozco a fuer de repetidas, habiendo llegado a conminarme a que pagase una deuda que jamás he contraído y que ni siquiera me dicen en qué consistiría, lo que con toda seguridad es el *modus operandi* delicuencial de su quehacer vital, su *modus perturbandi*, una masacre a martillazos. Carentes de la disposición para renovarse, ignorantes de lo que sea un trabajo de creación, ni siquiera se molestan en argumentar, sólo golpean sobre el yunque.

Lo peor es que sus llamadas son siempre a las horas más intempestivas; incluso han llevado lejos su osadía pidiéndome pagos en criptomonedas, y ello en tales cantidades que ningún ciudadano corriente hubiera podido permitirse pagar, ni siquiera soñado tener. Seguramente estos tales figuran genealógicamente en sus actas de nacimiento como expósitos lo mismo que los progenitores de sus progenitores, mala ralea que vive muerta ignorándolo. Todos descendemos de los monos, pero lo suyo es un abuso.

Lo que no puede negárseles es su capacidad para mantener la esperanza más allá de toda esperanza, tanto que seguirán llamándome por teléfono sus sucesores después de muerto yo y mis sucesores. Su fe en el teléfono de la esperanza es religiosa, pues no se bajan de la posibilidad del milagro. O tal vez sean fans tan tímidos que en lugar de pedirme autógrafos se contentan con pedirme audífonos. O puede que esos jabalís sean devorados por sus propias camadas, a tenor de los colmillos de su genealogía. O que estén pensando que lo bueno viene después y que no habiendo logrado matarme en vida aguardan generación tras generación para rematar mi cadáver. No les gustas, pero no pasa nada, hay muchas personas más a las que tampoco les gusto y no me molestan tanto.

Un día en que me pilló mal el cuerpo, estando mi casa a un tiro de piedra de la policía, y no pudiendo sobrellevar más la indignante situación, casi desmadejado, acudí a la policía, que se hizo la loca. Se conoce que no supe explicar que mi deseo sencillo era devolver su nariz a mis extorsionadores, pues la habían metido en mis asuntos demasiado sin mi permiso.

¿Qué podía hacer entonces, sin el auxilio policial, para detectar a los malandros? Pues el *eureka* me vino hace unos cinco años. En efecto, experto en su tonillo, en sus argucias y en su desfachatez, cada vez que balbucean la primera sílaba les llamó lo peor que hubiera pensado llamar en mi vida a alguien, y se conoce que muy mal no se me da. Al principio les insultaba hacía fuera de mis casillas, en la actualidad con tanta ironía y soltura que casi estoy esperando su llamada como si de una postal navideña se tratase: felices pascuas, Antonio Fraguas el Forges, rey de la raza calé, musa de Jorge Luis Borges y Próspero Merimé. Y hay más: apenas tocado el auricular, huelo al otro lado del aparato la diarrea de mis extorsionadores, una como súplica del tipo "¡no por favor, no me cuelgue, no me cuelgue, que yo vivo de esto!", como si la supervivencia de esos miserables tuviese que pagarla yo con mi tinta sangre.

De hecho últimamente no se atreven a articular palabra, y apenas percibido mi trueno cuelgan. Dentro de todo, me siento hasta cierto punto orgulloso, al menos por haber neutralizado su arte de volar bajo el radar, es decir, el copyright de su terror. Se acabó su impunidad gracias a mis torpedos en la línea de flotación de su marca, los cuales han evitado que me rompan como a un muñeco desarticulado arrojado a un cubo de basura. Legítima defensa versus ilegítimo ataque. Lo malo es que mi risa está pasando a ser plebeya al ponerme a su altura, que no es mucha.

Esta anécdota es cónsona con otra en Ciudad de México. La callejuela estaba oscura y sin tapa la alcantarilla, tan profunda por cierto que no parecía tener fondo. Me aposté allí esperando reportarlo a la delegación de turno a la primera patrulla que pasara, y fui felicitado por mi civismo. Sin embargo, como un mes después no se había corregido la grave anomalía, volví a la misma nausea. La misma patrulla, enfurruñada, me recriminó esta vez mi osada insistencia. La tercera vez, y viendo que la cosa no tenía arreglo, me espetaron a bocajarro: "señor, váyase a su país, ustedes los españoles se creen más listos que los mexicanos, pero los mexicanos no nos caemos nunca". Mi neurótica insistencia fue sin embargo de tal grado, que logré mi propósito tras una serie de aventuras y pesquisas, y yo más feliz que el Guerra. Afortunadamente superé mi posible distorsión cognitiva no necesitando modificar siquiera un poco la verdad para poder recordarla. Dentro de todo, fue una de las veces en mi vida en que me sentí como los judíos de Shabra y Shatila frente al invasor romano, que terminó degollándolos. De todos modos no quisiera irme al otro mundo sin haber intentado antes aprender a resistir las cargas, las fatigas, y luego a anecdotizarlas, pues mandar palomas a casa y halcones fuera es un deporte vulgar. Hay anécdotas dolorosas y otras gozosas, pero casi nunca anodinas, pero lo imposible sería para mí lo anodino, es decir, no intentar cambiar algunas cosas al menos, y lo intolerable hacer el gilipollas por encima de mis posibilidades. Qué doblemente estúpidas son las cosas estúpidas hechas estúpidamente.

Sea como fuere, todo esto me ha permitido por resolver el problema que preocupó a Tolstoi, el de la diferencia entre sufrimiento y aniquilación. Y todo esto se queda corto ante aquella sentencia de don Jacinto Benavente, o Jacinto Vente a Verme, no recuerdo bien en este estado de excitación: "el único egoísmo aceptable es el de procurar que todos estén bien para estar uno mejor". Entonces la malquerida se convierte en bienamada, añado.

## Así habló Zaratustra, pero no nos convenció

La inteligencia, dijo el Schopenhauer envidioso de Hegel, no es más que una herramienta manejada por los instintos. Ahora bien, ¿cómo maneja el instinto a la inteligencia y hacia dónde la lleva si la maneja instintivamente, acaso dejará de ser inteligencia instintiva, como si instintos fueran amores y no buenas razones? Un amigo y respetado filósofo responde: "antes, a los animales se les pedía energía y te devolvían energía, el campesino alimentaba al perro que le cuidaba el ganado; ahora se invierte energía en el perro y se le exige cariño. Quiero a los animales en su espacio, nunca sacrificar su naturaleza, pues un perro, sobre todo si es grande, reducido a un espacio urbano, está siendo desnaturalizado. Maltrato es tener a un can en un espacio de 40 metros. No me parece un progreso que el afecto que podríamos esperar de las personas lo esperemos de los perros". Se dice que el perro es el mejor amigo del hombre, ¡pero así le va al perro!

¿Y la posible ilación entre nuestra relación entre el comportamiento de los perros y la inteligencia artificial? "Respecto a la pesadilla de robots que nos van a sustituir y someter -continúa el filósofo y matemático- no creo que un algoritmo pueda reflexionar conceptualmente sobre el imperativo categórico de Kant como nosotros reflexionamos. Puede que conozca toda la ciencia que conocemos, pero dudo que pueda producir algo que la ciencia aún no conoce".

Finalmente, a la pregunta "de todo a lo que estamos asistiendo en el mundo, cuál es el fenómeno que más le preocupa", Gómez Pin responde con precisa determinación: "el nihilismo; no hay ningún partido político ni ningún país que ponga en primer término la exigencia de la dignidad humana"[37]. Cuánta sabiduría en un contexto caótico. Esta declaración de Víctor Gómez Pin, un filósofo respetado irreductible a los tópicos pero con una gran sabiduría dotada al mismo tiempo de gran sentido común, aunque sea desde su pesimismo escéptico, me produce alegría existencial. Suele decirse que el hombre/microcosmos es un microcaos, pero se dice mal, porque caos y cosmos son incompatibles, aquél a la espera del kosmos ordenado. ¿Se puede vivir caóticamente en desorden, morir del mismo modo, y esperar la resurrección en algún orden? Tal cosa jamás estuvo al alcance de ningún hombre, y ni siquiera de algún posible superhombre.

---

[37] Gómez Pin, V: Entrevista en El País, 17/10/2023.

Para resurgir a la luz no hay que morir en la ceguera, *il ne faut pas mourir aveugle*. Esto sólo lo creería un super/hombre/super/simulacro: "¡vengan los hermosos simulacros, seamos los impostores y los embellecedores de la humanidad, como corresponde al verdadero filosofo!". Ahora bien, si "el criterio de verdad está en el aumento del sentimiento de fuerza", ¿acaso una fuerza verdadera no se volverá ella misma también en caótica hasta el punto de enredarse en el caos impotente? Y, si la filosofía no es edificante ni consoladora, sino amarga y reacia a dulcificar, como escribiera ese supuesto descendente de nobles polacos que dijo ser Federico Nietzsche, ¿tendríamos que abrazar la amargura de la locura antropo/psico/céntrica?

No es buen negocio vivir ciego y morir loco. La locura, aun la genial, no es confortable ni capaz de cordura. La locura no es bella, salvo para los frívolos que lloran como bebés el amor y la felicidad perdidas. Contra la exhortación de Zaratustra hay fidelidades a la tierra que habría que impugnar: "muchas muertes amargas debe haber en nuestra vida, oh creadores, por tanto sed los defensores y justificadores de toda caducidad". Así hablo Zaratustra, pero no nos convenció. La superhombría con pies de barro ni explica ni implica. Si la verdad no es lineal, si "toda verdad es curva, entonces el tiempo mismo es un círculo sin pasado ni futuro, nada diferencia una vuelta de otra en una eterna repetición de lo mismo; no la hay si alrededor de cada aquí rueda la bola allí, si el centro está en todas partes". Si todo ha sido ya infinito número de veces porque el conjunto de todas las fuerzas reproduce sus evoluciones; si la fuerza no sufre merma alguna y el movimiento es siempre igual en todo tiempo; si cualquier estado que este mundo pudiera alcanzar lo había alcanzado ya, y no una vez, sino un número infinito de veces; si igualmente este instante ya se dio en otro tiempo y volverá a darse, y todas las fuerzas serán distribuidas de nuevo como ahora, y lo mismo puede afirmarse con el instante que le antecedió y con el que le seguirá, entonces, ¡hombre!, toda tu vida es como un reloj de arena sin cesar boca abajo y boca arriba, un minuto de tiempo durante el cual todas las condiciones que determinan tu existencia vuelven a darse en la órbita del tiempo.

Pero ¿para qué querría yo ser quien soy, pequeño eslabón? Voluntad paroxística de poder y pequeño eslabón no se avienen. La gaya ciencia se enreda porque no es una ciencia del humano concreto, sino la astucia de la razón universal que rige todo dictatorialmente. Si no somos más que el todo inmanente que hay en nuestra nada, entonces únicamente somos el grito desgarrado de Munch, una nada del ser en el seno del ser, y la voluntad de perseverar tampoco sería la mía, sino la del aburrido círculo del eterno retorno de lo idéntico, una especie de budismo sin nirvana. Por lo mismo, una eternidad que vigilara al tiempo humano tampoco ayudaría a vivir. Para Zaratustra, nihilista de caza mayor, "la voluntad no puede querer hacia atrás ni romper el tiempo y su codicia", por eso tampoco puede ir a ninguna parte por voluntad propia, impulsada inexorablemente hacia ninguna parte por el arco tenso del guerrero. Más bien se comporta como un meteorito abandonado a su inercia de roca desprendida por choque hasta el próximo choque. Menos mal que el pequeño gran Superhombre se equivoca.

## La guerra de los machos frente a la guerra de las plumas

En el reñidero español se ha escrito en torno a los pechos de las ninfas en los zarzales, sobre mujeres-ánfora, mujeres-silbido, mujeres-tigresas, hombres santos, hombres héroes, hombres machomanes y hombres machihembrados. La gordura fue apreciada como icono de salud y de belleza, tanto que una mujer joven escribe eufórica a su padre tras una temporada en el campo que en un año ha engordado veintidós kilos, habiendo así alcanzado el ideal de figura matronil y robusta de blanca palidez. Quienes peinamos canas o ya estamos calvos nos regodeábamos con las tallas de Rubens y las majas de Goya, vestidas o desnudas, predecesoras de las gordas de las playas de Mingote en ABC que incriminaban y retenían junto a sí al libidinoso marido enclenque, de luto, amargado, taciturno, encorbatado y tocado con negro sombrero, que miraba de reojillo a las sílfides en traje de baño. Lo gordo triunfa en las obras del colombiano Botero…

El macho no necesita demasiado para ser bestia fecundadora y con cualquier escoba con faldas no necesita mucho más; excitado por su propia excitación, acosando no sólo a las mujeres "livianas" que se atreven a cruzar las piernas mostrando sus ligas o el escote bajo, sino también a las decentes tímidamente tapadas imaginándolas en cueros. Los Tenorios somos casi tan comunes y vulgares como el Don Tenorio de Zorrilla, que –zorrillo él, el cabroncete- se atrevía hasta con las monjas, el muy cerdo. En mi caso, híbrido físicamente, cuanto más ánfora mi cuerpo tanto más sílfide y descuajaringada mi escritura, quisiera yo una comunidad de plumas (mal pensados absténganse), un sujeto trascendental literario donde cada palabra fuera todas las palabras, como en la cábala judía.

En su defecto, qué buena fuera la *literatura de trueque* con su correspondiente comunión de autores unidos por la palabra, ese sacramento de muy delicada administración. Mas semejante ecumenismo del cálamo resulta casi imposible, pues ¿con quién intercambiaríamos nuestras rarezas lingüísticas? El principio freudiano de realidad nos dice que no hay más cera que la que arde y que cada palo aguante su mellada pluma.

Hasta los eunucos. Hasta los eunucos sienten la libido en el harem, incapaces de saltarse las leyes de la naturaleza. Aseguraba Goethe que todo ser que culmina una especie ya no pertenece a ella, pero con todo mi respeto para el gran Goethe, probablemente la mente más lúcida de su época, hasta la mente más lúcida de su época puede ser la menos lúcida de la época siguiente. La lucidez es medida por el pasado, no por el presente, y aún así con mucho cuidado, pues a su vez sólo podría ser medida por la eternidad, donde ya no hay azúcar ni acíbar. No es imposible llevar a cabo algún acto definitivo de transgresión intrasistémico, pues al apretar el gatillo del sexo se deja un rastro de pólvora en el pasado, en el presente, y en el futuro. Los seres superiores son de otro mundo, en el nuestro hay enanos-Tenorios más altos que otros, pero duran poco y están sujetos a accidentes cardiovasculares.

La fuerza de las hormonas viriles ha convertido a casi todos los Tenorios en animales de carga, de cargarse cuanto pueden incluso a lo intragable como el aceite ricino, aunque los Tenorios viejos vayamos perdiendo los dientes con el paso del tiempo, como aquellos lecto/roedores que devoran de una sentada tochos de un kilo y doscientos gramos entre las estaciones de metro de Callao y Plaza de España.

Hoy se escriben testículos (quise decir textículos) cada vez más pequeños, con textos mejor ilustrados. La brevedad de los míos (de mis textos, quiero decir) se debe al miedo a que a mitad del libro se me haya olvidado el principio y no sepa cómo darle fin.

Los tenorios nos pasamos la vida poniendo cepos, y a esperar. Pero a veces quienes parecen Tenorios actúan como santos. A Fermín Salvoechea lo llamó Lerroux "el Cristo anarquista"[38]. De este

---

[38] Vallina, P: *Op. cit,* p. 133. Blasco Ibáñez, sectario, en su novela *La Bodega* (Plaza y Janés, Barcelona, 1979), le eleva a la condición de santo distorsionando la realidad con

ateo y santo varón laico se dijo: "Salvoechea vivía pobremente en una pequeña habitación desde la cual se divisaba el mar, que tanto amó siempre. Lo poco que tenía lo daba a los más necesitados que él, llegando incluso a entregar la cama en que dormía. Desde entonces se acostó sobre una mesa larga y estrecha y una mañana, al levantarse por un extremo de la mesa se levantó el opuesto causándole en la caída una lesión en la columna vertebral, de la cual se derivó la muerte"[39]. Qué bueno que haya apóstoles en cualquier parte y que hagan milagros. Más apóstoles santos y menos tenorios: la solución democrática perfecta.

---

triquiñuelas, pues le interesaba presentar a Salvoechea como un místico revolucionario para así desacreditarle.

[39] *Ibi,* p. 296. Hasta Émile Armand, uno de los anarco/individualistas supuestamente más ateos de la Francia del XIX, se rinde a lo bueno: "que Cristo fuese un revolucionario, un anarquista, en el sentido de haber repudiado o combatido la autoridad sacerdotal, la moral hipócrita oficial, la ley escrita impuesta, pero haciendo constar que su existencia histórica importa poco. Como materialistas, no tenemos fe en un juicio supremo y final en el que se levantasen todas las víctimas de las naciones conquistadoras y cultas, pero imaginativamente nos complacemos en ver esta especie de tribunal sin apelación en el que elevarían sus querellas todos los torturados, los mutilados, los descuartizados, los quemados, los estropeados, los empobrecidos en nombre del progreso occidental. El carpintero de Nazareth empleó el mismo argumento con la desgraciada adúltera a quien los honestos israelitas querían perseguir a pedradas y a quienes Jesús dijo que el que estuviera libre de pecado arrojase la primera piedra, sin que ninguno se atreviese a hacerlo. Esto prueba que en todos los tiempos los guardianes de las conveniencias sociales no han sido mejores que quienes las han infringido" (*Ibi,* pp. 66 y 111.

## Sobre la mediocridad de nuestros discursos de consuelo

Relajar en exceso las expectativas de perfección para sufrir menos conlleva al propio tiempo el aumento del sufrimiento al buscar su abolición. El viviente racional, que no es un mero bípedo implume aunque haya arrebatado las plumas a los indios para encasquetárselas en los consejos de administración, no tiene plumas, sino escamas.

Ni la perfección ni la imperfección pura son de este mundo. Ni siquiera un Dios perfecto podría ser imaginado por una mente imperfecta, como tampoco ningún infierno sin mezcla de bien alguno, pues el mero hecho de imaginarlos como estando ahí es un bien, siquiera sea el bien que conlleva el hecho de ser algo y no más bien nada en absoluto. Y con el no ser en absoluto ocurre otro tanto: que no resulta imaginable, dada la limitación de la conciencia.

Hay una perfección de mínimos y otra de máximos, pero resulta ineliminable la tensión entre ambas. Quien se instala en el "no corráis que es peor" pierde la belleza agónica de la carrera, hasta el caracol se esfuerza por llegar más alto y más lejos. La "perfección de mínimos" por miedo a herniarse con el esfuerzo de máximos es ilusoria, pues los mínimos buscarán mínimos cada vez menores. Lo mismo ocurre con la perfección de máximos, a las mismas leyes, una descendente y otra ascendente. El ideal no es la apatía de la ameba ni el supremacismo retador del piberío infanto/juvenil con paradigmas de ensoñación impropios de personalidades adultas. Los viajes de ida con un chofer por encima de lo temerario no suelen concluir con un trayecto de vuelta apacible. Quien ni en la propia vida ni en las ajenas está dispuesto a reconocer una base de mediocridad no podrá disparar por elevación ni evitar que le salga el tiro por la culata; la diferencia entre la mediocridad mediocre y la mediocridad áurea es precisamente ésta: que la primera se instala en el *taedium vitae* y la segunda es un ideal posibilitante e impelente de la existencia. Quien rechaza su áurea mediocridad, aunque solo fuere a tiempo parcial, niega su desarrollo a tiempo total y acaba siendo un mediocre absoluto. Quien se cree Héroe, se cae de la nube.

Las religiones de mínimos son blanditas, las de máximos a*gonales y diagonales*, y eso aunque a veces el *agón* se lo haga encima y se vuelva *cagón*. El agonismo del borracho es de baja calidad, pues su vino es vómito, dolor de cabeza, morbo, y otro tanto le ocurre a la religiosidad de baja calidad. La mejor religión es la que "no viene a contar chismes y a plantear adivinanzas de brujo, ni cosas extravagantes, ni galimatías en los que no se comprende nada, ni futuribles predicados por saltimbanquis ambulantes, por charlatanes en su carro, ni por el astuto de barrio, ni por el más listillo de la taberna"[40]. Un bello barco ensanchándose hasta desaparecer y perderse, pues. Una rama y un germen y un brote y una hoja y una flor y un fruto, o también "una hermosa flota de trirremes que avanza hacia mí, esa inmensa estela que comienza por esa punta y que, gradualmente, poco a poco, se pierde en el horizonte de mi mirada", pues[41].

Cuando se ha sentido eso, poco más hay que añadir, la búsqueda infinita será sin término, sin pérdida de orientación. Allí acaba y comienza el promontorio de todas las oraciones que ni siquiera formulo, todas las palabras que ni siquiera balbuceo, todos los oscuros movimientos del corazón estremecido. Qué lejos aquellos seminaristas que iban por la vida de racionales, qué lejos también aquellos ateísmos científicos que no pasan de rezos de monagos, qué lejos, en fin, cuanto no nos lleva más allá de la zozobra de la propia cólera y de las tempestades de la propia injusticia impulsada por tres filas de remos, como la boca de los tiburones infestada de dientes. Pero no. Ya nunca más igual una cuña cuando hiende la madera con su filo, ya nunca más formando un tejado con el escudo de mi cuerpo al asalto, ya nunca más sin la *a* privativa, terminando por pasar del asalto al salto[42].

---

[40] Péguy, Ch: *Le porche du mystère de la deuxième vertu* (1911). Oeuvres Poétiques Complètes. Editorial Gallimard, París, 1962, p. 598.

[41] Péguy, Ch: *Le mystère des saints innocents* (1912), pp. 95 ss.

[42] Péguy, Ch: *Asalto a Dios*. Editorial Nuevo Inicio, Granada, 2019.

¡Cuán mediocres discursos de consuelo! Tratándose de discursos de consuelo mediocres las personas no duermen: "conviene que uno haga su examen de conciencia, es un excelente ejercicio, pero no hay que abusar, pues seguís en vuestra cama. ¿A qué llamáis hacer vuestro examen de conciencia? Si lo que queréis es darle vueltas y rumiar durante la noche todas las ingratitudes del día, todas las fiebres y todas las amarguras del día, remasticar durante la noche vuestros agrios pecados del día, vuestras agrias fiebres y vuestros pesares y vuestros arrepentimientos todavía más agrios, de todas esas tonterías y de todas esas sandeces, entonces no. ¿Vais a poneros todas las noches a atar las miserables gavillas de vuestros horribles pecados de cada día? Aun cuando sólo fuera para quemarlas, ya sería demasiado. Pensáis demasiado en vuestros pecados. Haríais mejor pensando en ellos para no cometerlos mientras todavía no los habéis cometido, haríais mejor en pensar un poco antes. Pero por la noche no atéis esas gavillas vanas. ¿Desde cuándo el labrador hace gavillas de cizaña y de grama? Se hacen gavillas de trigo. No hagáis más listas de cuentas ni más nomenclaturas. Hay demasiado orgullo en eso. Y mucho tiempo perdido también. Y mucho papeleo. Basta con que os hayáis limpiado los pies una sola vez antes de cruzar el umbral del templo. Con mucho cuidado para que queden muy limpios. Y no se hable más. No vamos a estar hablando siempre del barro. No sería limpio. Meter dentro del templo aunque sólo fuera la memoria del barro y la preocupación por el barro y la inquietud por el barro y el pensamiento del barro sigue siendo meter el barro en el templo"[43].

Cuidado, pues: hay demasiadas formas mediocres de luchar contra la mediocridad

---

[43] Péguy, Ch: *Elogio de la noche y el sueño*. In *Le mystère des saints innocents* cit, pp. 68 ss.

## Refractarios y contreras

Parecen lo que no son. Antes de hacer más ruido las bisagras, permítaseme recordar que una cosa es el *contreras,* abejorro molesto, y otra el *refractario*; aquél es un neurótico obsesivo dependiente de su afirmación narcisista, un mediocre con pretensiones de rebelde, pero éste un disidente que rechaza el *cum superiorum permissu,* aunque también tenga sus problemas con la autoridad. El contreras es un niñato malcriado, que actúa cual títere revolucionario articulado embozado en una braga palestina y quemando contendedores. El refractario milita contra la sumisión y contra la servidumbre voluntaria que culmina en desafección frente al Estado. Refractario a todos los grados de enseñanza que dispensa el Estado, ante todos ellos se niega a prosternarse.

Refractarios fueron los anarco/individualistas[44] , insumisos

---

[44] *La asamblea de los refractarios* (*L'Adunata dei refrattari*), publicada en italiano en Nueva York entre 1922 y 1971, primero semanal y luego quincenal, obtuvo resonancia dentro y fuera de los círculos anarquistas por su apoyo a Sacco y Vanzetti. Colaboradores importantes fueron Camillo Berneri, Armando Borghi y Errico Malatesta. Era un lugar

frente a la opinión pública manipulada por los Estados: "un anarquista no es diputado, ni magistrado, ni policía, ni millonario y, si posee algún dinero, le llevará a gastarlo en beneficio de las ideas que ama. Su simplicidad no está reñida con un bienestar intenso, sano y gozoso, que nada tiene que ver con los groseros apetitos de la vida burguesa; por obligado que esté a vivir en una sociedad cuya constitución le repugna, el refractario será en su fuero interno un irreductible adversario de toda dominación"[45]. Si no fuese por su desinterés por lo social, el *refractarismo* estaría mil codos por encima de los comunismos con piel de galápago. Con su actitud retadora, deconstructiva, el refractario auténtico sabe que los organizadores de los males de la humanidad no son sino los internos del manicomio y el Gobierno Civil. El refractario, entre personas "de color", se convierte en "blanco de todas las miradas", aunque también pone negros a muchos blancos: "mi gloria es vivir tan libre como pájaro en el cielo; no hago nido en este suelo, ande hay tanto que sufrir; y naide me ha de seguir, cuando yo remonto el vuelo".

*Ubi sunt?* No son muchos, pero actúan sin quedarse en casita zumbando refunfuños como borrachos a caballo del sofá, ni como sabios certificados y toisonados por un mundo que no está a su

---

de encuentro para intercambios culturales y para la organización de eventos sociales anarquistas en sentido lato, no necesariamente restringidos a la ideología política.

[45] Armand, E: *El anarquismo individualista. Lo que es, puede y vale.* Editorial Pepitas de calabaza, Logroño, 2019, p. 96.

altura, ni como pijo/progres arrojando adoquines bonitos a la policía. Son gente de verdad y se toman en serio la lucha: "no me cites otro hecho/ que no resisto en mi pecho/ las ansias de pelear./ Pues vamos a la pelea/ y verás cómo la idea/ no se puede derrotar"[46]. Individualistas en muchas cosas, quizá en demasiadas, no lo son para actuar en favor de todos, y hasta pretenden cuadrar el círculo de la revolución social individualista, pues lo que convierte en revolucionaria a una vida no es la algarada, sino el cambio del corazón. Veámoslo en tres dimensiones.

*El feminismo ideológico/genérico*: "el anarquista no establece diferencias de sexo, pues se interesa por todos los seres libres. Su propaganda crítica apunta igualmente al hombre y a la mujer y socava los cimentos de la autoridad y de la explotación de que ambos son víctimas a la vez"[47]. Menos mal que esta tesis la defendieron los refractarios el siglo pasado, ¡la que se les vendría hoy encima a tenor de la chatarra ideológica del famoso "género"!

*El vegetarianismo esotérico*. Frente al *snobismo* de los *parvenus* del vegetarianismo científico, que un día dicen una cosa y al siguiente la contraria, esa religión de millones de caballos enganchados al carro sin que ninguno escape de las riendas, los refractarios vienen diciendo desde hace un siglo: "un refractario anarquista individualista no es

---

[46] *Ibi,* p. 308.
[47] Armand, E: *Op. cit*, p. 150.

alcohólico ni vicioso, no hace excesos de mesa, ni intelectuales, pero sobre la cuestión del vegetarianismo, de la hidroterapia o del alcohol, considerado como alimento, no se priva de escuchar a los contrarios, conforme a los primeros rudimentos de la educación ácrata. El anarquismo no es una colección de teoremas geométricos, ni de recetas culinarias. Muchos son hidrópatas, vegetarianos, bebedores de agua filtrada, higienistas que creen que todo está bien en el mejor de los mundos, pero a pesar de su buena salud jamás tuvieron un movimiento de rebeldía contra la autoridad, y hasta aceptan muy bien ser sus agentes ejecutivos; algunos son moralistas tan insípidos como peligrosos y a veces también delatores. Estamos hartos de saber que hay multimillonarios que se visten con tejidos ultra/higiénicos, que calzan sandalias, que son abstemios de tabaco y alcohol y que llevan la cabeza al aire para evitar la calvicie, nada de lo cual les impide hacer buenas jugadas de bolsa y ejercer la explotación del hombre por el hombre"[48]. Qué antiguo es lo posmoderno feo.

*El de la salud social*: "mirad con el microscopio de la sociología las joyas con que se engalana la burguesía, y veréis que en esas joyas se encuentran los glóbulos rojos que faltan en la sangre de los proletarios. Aplicad el mismo instrumento al examen de sus palacios, sus catedrales, sus prisiones y sus cuarteles, y en la cal de sus muros hallaréis la que procede de los huesos de los esclavos, de los siervos

---

[48] *Ibi*, pp. 158-159.

y de los asalariados, del eterno paria, que es quien lo ha producido todo para los demás a costa de su salud y de su vida"[49]. Ni el escenario ni el márquetin lo curan todo.

Y todo eso lo defienden dando la cara, no desde la bancada azul pijo/progre: "los que algo grande hicieron –decía Fermín Salvoechea- perecieron en el combate, quienes hemos quedado, por haber quedado no valemos gran cosa Cuando comprometamos al pueblo en la lucha, seamos los primeros de fila, y si algunos caen, seamos nosotros"[50]. Salvoechea pasó veinte años de cárcel sin perder el sentido del humor: "estando preso en Ceuta tuvo durante cierto tiempo como compañero leal a un mono. A cierto visitante no grato que le tendió la mano entre barrotes el macaco se la estrechó, pero entre los dientes"[51]. "Nunca he olvidado a un compañero, el corpulento albañil Ramiro, panza voluminosa dotado de un corazón de niño. Como lo atraparon con medio ladrillo oculto en la faja, declaró al inspector con toda formalidad que como constructor de casas, solía llevar alguna muestra de material encima". Refractarios de todos los países, uníos.

---

[49] *Ibi*, p. 301.
[50] Vallina, P: *Crónica de un revolucionario*. Editorial Renacimiento, Sevilla, 2012, pp. 135 y 155.
[51] *Ibi*, p. 178.

## Tam quam volcanes rugientes

Los gatos tienen hasta 276 expresiones faciales, voladura de la escritura única. En cada fragmento literario hay como mínimo 276 estilos, pues el estilo no es sino la capacidad de expresar un solo rostro en 276, prodigio de ductilidad, de sensibilidad, e incluso, cuando se tuerce, de hipocresía diplomática. ¡Quién pudiera estar a la altura del pequeño felino, en lugar de tener sólo una faz tan rígida como la de Buster Keaton, que hacía reír a su público con su llorosa seriedad facial! *Faz* es más educada que *rostro*, de *roedere*, roer, arañar, huir, desconfiar. Los gatos, esos felices leoncitos felinos (*felix leo*) son fríos como el hielo, aunque de haber sido egipcio habría erigido en su honor un altar cúltico para venerar sus ojos mistéricamente faraónicos.

Cada rostro está para ser arrostrado. Hasta las estrellas lo tienen y el hinduismo viene leyendo desde hace milenios como destino de la vida personal global, "la sabiduría y el destino están en tu frente". Según los últimos descubrimientos de los astrónomos, que siguen poniendo al día la peregrinación de los Reyes Magos, nuestra galaxia tuvo en su origen una pléyade de hermanas y hermanos gemelos, no en vano *galaxia* procede de *galax*, leche. Según los astrónomos, especialistas en escrutar lo cósmico invisible, el cosmos podría compararse a escala humana con un centenario que jamás hubiera contemplado su propio rostro ante el espejo y de repente recibiera una foto con un autorretrato que una hermana gemela desconocida le hubiera enviado cuando tenía quince años. Científicos que a cada rato levantáis el densísimo velo de Maya de nuestras existencias presentes, pretéritas y futuras, bienvenidos seáis: detrás de cada explicación dais noticia de un más allá meta/físico que abre al milagroso misterio del ser: ¿por qué existe ser y no más bien nada, para qué estoy en este mundo, existiré después de esta existencia, qué me cabe hacer, qué me cabe esperar, quién soy yo en definitiva? Herida hecha pregunta, ignoramos mucho más de lo que sabemos, suspensos y suspendidos ante el tribunal de la omnisciencia.

Simples terrícolas como somos, abrumaríamos a nuestros antecesores con interminables baterías de preguntas con la avidez del abandonado por sus padres biológicos: ¿cómo fueron ellos, nuestros proto/familiares del éxodo cósmico, cómo vivían, cómo se comportaban entre sí?, ¿también ellos preparaban la paz para hacer la guerra?, ¿solucionaron sus luchas fratricidas y sus guerras civiles, o las dejaron abiertas como volcanes incesantes?, ¿se extinguieron por culpa de su propio progreso científico desenfrenado?, ¿se comportaron degenerativamente sus democracias manipuladas?, ¿quedaron a la deriva y sin relación interplanetaria cual escoria rígida, testigos mudos de la muerte térmica de su parcela de universo?, ¿qué consejos les pediríamos para evitar tanta infelicidad?, ¿les desoiríamos llevados por nuestra curiosidad exploradora?, ¿se abrió para los planetas gemelos al nuestro una inexorable *ananké* común sin fraternidad intergaláctica? Si el universo existe hace catorce mil millones de años, ¿cuántas galaxias similares a la Vía Láctea habrá habido hace 11.700 millones de años, cuando el universo tenía el 15% de su edad actual?, ¿podríamos trasladarnos los sodomitas y gomorrinos a alguna de ellas más sana?, ¿nos recibirían a cañonazos por considerarnos degenerados parientes de los orígenes comunes?, ¿estaríamos dispuestos a aprender sensatamente de nuestros hermanos y hermanas de leche galácticos para no tropezar en las piedras de escándalo en que ellos mismos perdieron la verticalidad muchos miles de siglos antes que nosotros?, ¿cuáles serían las condiciones y reglas para un diálogo ideal?, ¿sería posible el bien común entre terrícolas y alienígenas después de tantos millones de años sin dirigirnos la palabra? Si su desarrollo tecno/científico no se lo impidió, ¿fueron ellos los que se anticiparon a visitarnos con sus platillos volantes?, ¿por qué entonces apenas si se bajaron de sus naves al tocar tierra para hibridarse con nosotros sus parientes lejanos?, ¿tan desastrosas les parecieron nuestras civilizaciones como para poner sus pies en polvorosa tras llegar a ella?, ¿fue por eso por lo que le pareció insoportable nuestro mundo al tierno e iluminado *E.T.* a la voz lastimera de "mi casa, mi casa"?, ¿por qué no desclasifica la NASA todos los testimonios de quienes confiesan haber visto a esos ilustres visitantes?, ¿podríamos reclamarnos jurídicamente herederos de sus genes por aquellas enigmáticas herencias remotas, aunque nunca pudiésemos disfrutarlas?, ¿cuántos terrícolas estarían dispuestos a agarrar su hatillo para largarse del chamuscado Planeta Tierra?

Si nada hay más realista que el irrealismo, seamos realistas y preguntemos lo imposible. Sin nada más real que el surrealismo, cambiemos la realidad. Si nada es más universalista que el individualismo compasivo, comuniquemos para sanarnos cosmopolitamente. Si nada existe más vivencial que la fascinación de revitalizar lo muerto por su falsedad, ¿a qué esperamos?

## Cargar con el cadáver

Cargar con el sufrimiento y con el dolor penitencialmente en las madrugadas de la Semana santa de Zamora, o con una gruesa bola de hierro por el patio del reclusorio es una prueba de enfermedad mental para evitar que algún día llegue a dolernos algo de verdad, con la lógica del pastorcillo que siempre gritaba en falso "que viene el lobo", hasta que vino de verdad. Este ponerse la venda antes del golpe es demasiado común.

La máxima desventura no es el miedo a la muerte, sino no haber sabido vencerlo; cuando el pulso se inclina finalmente hacia el lado de la parca y el boxeador arroja la toalla, el muerto es derrotado por su miedo a la muerte. Pero los mejores, abrazados y sin fuerzas al ángel que les extermina, siguen en pie desafiando a la Dama negra: "¿quién te crees que eres, dónde está, muerte, tu victoria?".

Si alguien para sondear la dirección de los votos nos preguntara con un pie en el estribo y a pie de ataúd, qué pocos morituros dirían la verdad. Cuando en la vida domina la mentira, ante la cadaverina apartamos de nosotros el amargo sudario: "después de todo, todo ha sido nada,/ a pesar de que un día lo fue todo./ Después de nada o después de todo/ supe que todo no era más que nada./ Grito ¡Todo!, y el eco dice ¡Nada!/ Grito ¡Nada!, y el eco dice ¡Todo!/ Ahora sé que la nada lo era todo/ y todo era ceniza de la nada./ No queda nada de lo que fue nada./ (Era ilusión lo que creía todo/ y que, en definitiva, era la nada)./ Qué más da que la nada fuera nada/ si más nada será, después de todo,/ después de tanto todo para nada".

¿Es esto sufrir por no haber sufrido, o por haber sufrido demasiado y ya más no poder sufrir? Como en el alto Egipto, no pocos se llevan al otro mundo sobre sus propias espaldas de día y de noche el propio cadáver hasta que la putrefacción gana la partida. Cargar con el cadáver es común; mi propia madre, que en paz descanse, perdió a su joven hija al dar a luz y, vistiendo de luto riguroso, lloraba y lloraba, viviendo como muerta en vida. Todo quedó para ella momificado por largos años, era la forma de seguir vinculada a su hija cargando con su muerte. Las ropas de su hija se convirtieron en el propio sudario de mi madre, que no hubiera podido entender aquello de José Martí: "morir es lo mismo que vivir y mejor, si se ha hecho ya lo que se debe". Demasiadas personas van muriendo en vida hasta la última puñalada: *omnia vulnerant, ultima necat,* todo les hiere, pero lo último les mata como a heridos de muerte; parece que se mueren en vida…, pero es verdad.

Parecida dinámica se da entre quienes viven tan trágicamente que sufren tragedias que nunca sufrieron. En esos casos, detrás de los sentimientos timéricos o de temor se agazapa el miedo a la muerte, cuya angustia y ansiedad laten ocultas hasta que su hedor difuso lo impregna todo como sentimiento sin objeto. Al faltarles la determinación de estar delante del Enemigo tantos pasos como fuera posible, sin esa lucha sin tregua que exige conocerlo hasta en el modo de respirar renuncian al espíritu de Don Quijote, a riesgo de perder batallas, pero nunca el ánimo. Eso es lo que importa de verdad al bien herido en combate: recuperar su dignidad llevando en su frente el sol, aunque sepa que "la virtud más sea perseguida de los malos que amada de los buenos".

Algunos cargan con el prójimo para morirse a él abrazado -como Romeo y Julieta o los amantes de Teruel, ni tonta ella ni tonto él-, sino para insuflar vida, baste uno memorable, que me gustaría para pauta de conducta de ciertos movimientos feministas emergentes. Corría el 1125 y falleció el emperador Enrique V siendo los candidatos a ocupar su puesto Lotario, refrendado por los *welfos*, y Conrado por los *gibelinos*. Durante el asedio del castillo de Weinsberg, el vencedor dio un ultimátum: si no entregaban la plaza le prendería fuego con todos ellos dentro. Los defensores apelaron a su benevolencia para que, al menos, dejara salir a sus esposas e hijas. Conrado aceptó y les permitió llevarse sus bienes más preciados siempre que los transportaran ellas mismas sin ayuda de animales o carros. A la mañana siguiente, apenas al alba, las mujeres salían cargando a hombros con los hombres, ya fueran maridos, padres, hijos, hermanos, siendo rebautizada la fortaleza popularmente con el nombre de *Weibertreu*, "fidelidad de las mujeres", esas admirables *Weiberfrauen* o *Waibinglen* cuyo valor se repitió después del suicidio de Hitler recogiendo entre los escombros humeantes los ladrillos que iban a reutilizarse para alzar palmo a palmo las ciudades alemanas devastadas. Esa gente merece el denominativo de José Vasconcelos, *raza cósmica*, y no el hombre de Piltdown, supuesto eslabón directo del australopitecus al homo sapiens, al que los científicos dieron por existente hasta que se demostró que era un fraude inventado por un aficionado. Entre meter la cabeza debajo del ala y afrontar el sufrimiento, quedémonos con el canto del gaucho trotamundos y saltacharcos echando el bofe, pasicorto, pasilargo, de puntillas, o a salto de mata: "yo he conocido cantores/ que era un gusto el escuchar,/ mas no quieren opinar/ y se divierten cantando;/ pero yo canto opinando,/ que es mi modo de cantar".

¿Qué león se acostó ignorante y se levantó culto haciendo como que leía, quién se durmió reaccionario y vio el alba abrazado a la revolución? El río va ganando afluentes y se va acercando al mar, que es su final. Antes de entrar en el mar, el río tiembla de miedo, pero luego sus aguas dulces se tornan salinas. Ya no hay río, todo es mar

## Música frente a golpes

Me tachan algunos sonsos de ríspido, erístico y disputador; si ellos no fueran discutidores de mis discusiones, les concedería que merezco sus epítetos: "eres demasiado polémico", rugen con mohín torcido, lo cual no me parece mal si no muere nadie. Pero quien llama a otro polémico es porque también él lo es y de sentido contrario: "-Don Pepito, está usted muy gordo". -"Porque no discuto". -"No será por eso". "-Bueno, pues no será por eso". Y a engordar. A estas alturas no me irrita que me contraríen, mis esfuerzos por evitar esa frustración me ha costado, antes al contrario, a poco que la verdad contraria supera la mía, me descubro, me quito el sombrero, lo celebro con gratitud. Hoy nada me importa deponer la última palabra, y con gozo en el cuerpo libero al halcón que tenía secuestrado en mi palomar para que vuele liberado de mis limitaciones, al fin suyas. Peor que yo no lo hará.

Durante la diatriba, entre agresiva y pusilánime, los dentelladas y zarpazos sólo me sacan de quicio cuando la fiera que soy sigue luchando sin avenirse a razones: "aun siendo uno solo,/

estoy dividido;/ a un tiempo muero/ y vivo, triste y ledo; lo que puedo no hacer,/ eso no puedo;/ huyo del mal,/ y estoy en él metido"[52]. Congenial con quienes se sienten culpables por su eterno pelear, de cuando en cuando me invade el ramalazo del Mefistófeles que siempre niega, y cuando me calmo, dolido por noquearlo, agradezco pese a ello la recomendación de Juan Bautista de la Salle a sus maestros: "si el maestro no puede impedir que el alumno a quien ha corregido se ponga a regañar, a refunfuñar, a llorar, o a perturbar la clase, ya sea por ser muy pequeño o por falta de juicio, o por cualquier otra razón, y si el maestro advierte que los golpes no van a conseguir llamarlo al deber, sino que tal vez, por el contrario, lo tornarán más indócil, será normalmente más oportuno no castigar a ese tipo de alumnos, y aparentar que uno no lo advierte cuando no estudian o no cumplen con su deber"[53].

En cuanto discípulo de Polemós reconozco también que algunos golpes, y no precisamente de pecho, no siempre me han ayudado a madurar, así que -incapaz de afrontar el pánico- me hago el loco (lo que me resulta bastante fácil dado mi natural) y niego la negación de la negación que hay en la afirmación y de la afirmación que hay en la negación de la negación: "esta gitana está loca, lo que dice con sus ojos lo desmiente con la boca". Cuánta inelegancia en mis polémicas, maestro Fray Luis de León: "no cura si la fama/ canta

---

[52] Guevara, M. de: *Sonetos*. Joyas Literarias, Editorial Ludus, México, 1915, p.78.

[53] San Juan Bautista de la Salle. *Obras*, II, Ediciones San Pío X, Madrid, 2001, p. 99.

con voz su nombre pregonera/ ni cura si encarama/ la lengua lisonjera/ lo que condena la verdad sincera". *Non curat*, no hay que preocuparse cuando la verdad rige la polémica, ahora merecedora del premio al *agatonismo* (*agatón*, bien superior).

Para mejor y más sano polemizar me ha faltado siempre un piano donde no estén mezcladas las teclas filosóficas y las teológicas[54]: "¿de dónde -se pregunta Renato Descartes- nacen mis errores? De que, siendo la voluntad más amplia que el entendimiento, no la contengo dentro de los mismos límites que éste, sino que la extiendo también a las cosas que no entiendo y mi mente se extravía con facilidad y escoge el mal en vez del bien, o lo falso en vez de lo verdadero, y ello hace que me engañe y peque". Pero una cosa es resbalar y otra esbarizar, como dicen los burgaleses, una equivocarse y otra pecar; lo primero corresponde al entendimiento falible, lo segundo a la voluntad maleante. Cuando, en lugar de pedir con mi corazón contrito perdón por el mal voluntariamente querido, digo "usted me per/done", digo "usted dis/culpe" estoy negando cínicamente la culpa.

A diferencia de Zeus, a quien todas las musas complacían parigualmente, yo elegiría a *Eu/terpe*, 'la de agradable genio', 'la de buen ánimo', la musa de la música y del arte del tañer. La música

---

[54] Díaz, C: *Con tan sólo apretar una tecla*. Ediciones Ygriega, Madrid, 2022.

clásica, que sólo duró cinco décadas, de Bach a Beethoven, es adorable frente a ciertos changarrillos de Tenorios que se creen tenores. De haber sido músico/filósofo, habría intentado tres acompañamientos musicales para cada una de las tres obras de Kant: para su *Crítica de la razón pura,* a Ludwig von Beethoven, por su solidez matemática; para la *Crítica de la razón práctica,* a Johan Amadeus Mozart, por su rebeldía *Sturm und Drang;* para *la Crítica del juicio,* a Juan Sebastián Bach, por sus fugas de vez en cuando. Con Beethoven, Mozart y Bach, y al fondo mi *musikós* eterno, Juan Luis Ruiz de la Peña, se acabaron las disputas.

El trivio música/poesía/filosofía es mi verdadera *misión*. Invitado a la palestra a batirme el cobre trimembre, casi me dio un patatús cuando aquella buena mujer de cuarenta y nueve años manifestó que lo que ella esperaba de mi curso de tres días era *"que usted me sorprenda"*, ¡pero si lo que yo siempre busco es eso, con/vertir y di/vertir, lo demás viene por añadidura! No quiere esa *sor presa* de la sorpresa encerrada. El encuentro no nos salió tan mal y fumamos la pipa de la paz: primero me revestí con mis capisallos de trovador juglar, luego acaricié el arte de mi lira oral, y finalmente me callé: ¿cómo hablarle a nadie de la técnica trascendental kantiana, de la esplendorosa explosión primaveral de Liszt, de la armónica diversión gloriosa de Chopin, de la sorprendente creatividad de Schumann, y del rumor de todos los ángeles? Al final tuvimos el horno para bollos, porque soy incapaz de terminar una sola intervención, ni pequeña ni grande, sin haber pedido perdón por el aburrimiento o *aburramiento*. Porque en eso consiste precisamente el arte de la polémica: en convertir divirtiendo y en divertir convirtiendo.

## Cese de hostilidades sobre un interminable campo de amapolas silvestres

Escribo sobre un interminable tapiz de amapolas silvestres, porque florecen y granan antes de la recolección de las cosechas, cuando todavía no todo está concluido, es decir, antes incluso de poner punto final a la escritura que se acaba de escribir. No ignoro que se las considera mala hierba, pero no pueden serlo en demasía si se tiñen de rojo y negro libertario diametralmente opuestas a uno de sus múltiples géneros que aborrezco, la *papaver somniferum,* adormidera más conocida por el nombre vulgar de opio. Se dijo que la religión era el opio del pueblo, pero el opio del pueblo no es sino el opio mismo, la funesta droga tan perversa y polimorfa, difícil de erradicar con los habituales métodos de control de plagas, pero sobre todo por el vicio de sus consumidores-víctimas. Así pues, de dormiciones nada, sus hojas de una única nervadura central son lo suficientemente dentadas como para morder a los cocodrilos.

Que las amapolas nazcan al final de la primavera tampoco lo considero desdeñable tratándose ella misma de la Prima Vera, la primera y verdadera, la primera que vendrá generando utopías despiertas, aunque me duele su expuesta fragilidad, su escasa resistencia a los climas húmedos y cálidos, demasiado selectiva. Si las flores necesitan aspirina contra su mórbida caducidad, la amapola nada aguanta, ni siquiera permite ojear sus pétalos como la margarita, nacidos para elegir novio o descartarlo, *que sique que noque, que a tu novia le he visto el bodoque.* Pero los valores cognoscitivos son para ser hechos, no bastan los contenidos proposicionales ni los procedimentales, hay que moverse. Todo hablante, decía Chomsky, sabe la gramática sin saberla, con un *tacit knowledge*, pero hace falta actualizar su gramática generativa y ponerla a actuar. La amapola no es flor de ojal, sino el ojo de la flor, la punta del sable.

Me encanta la memorable actitud de Confucio: cuando alguien no estaba profundamente interesado o decidido a descubrir la verdad con él, Confucio no intentaba avivar el pensamiento del pupilo; si no regresaba habiendo meditado por sí mismo lo implícito posible en una cuarta parte de su magisterio, ya no le enseñaba las tres cuartas partes que faltaban. Con vosotras, mis amapolas, a veces he sentido que al deciros una cuarta parte de lo que quería deciros, ya habíais comenzado a meditar por vosotras mismas. Al escribir esto siento que letra a letra, punto por punto, con todos los acentos y todas las sindéresis, sois mis *educadoras* por haber educido en mí implícitos que yo llevaba dentro nebulosamente. Guardo esta gratitud en la amapola de mi corazón.

He vivido ideando comunidades lingüísticas, entramados relacionales, "nosotros" personalistas-comunitarios para aprender enseñando y enseñar aprendiendo, pues a la vida le falta sentido sin la potencia perfectiva e interactiva de un "nosotros", tan distinto de un sumatorio de individuos pragmáticos que acuden a la cita con las instituciones académicas con el único fin de obtener un título para mayor complacencia de su yo vacío y ajeno a la contribución al bien común. He sentido la emoción de haberlo intentarlo. Ciencia no es mera complacencia, su meta se encuentra delante de nosotros, no detrás, en acción y no en pasividad. El mundo necesita la sabiduría y la locura de cada uno para henchir sus venas con la sístole y la diástole de los seres vivos. Cuando los indicadores de salud están más bajos, tanto mayor es su necesidad de latir. Aunque el presente no sea el mejor momento, no hemos nacido para tumbarnos en una hamaca, sino para des/alambrar con Víctor Jara; damos gracias a cuantas personas han potenciado nuestra inteligencia sentiente y nuestra razón cálida, a cuantos viven con ilusión el *citius, fortius, altius*, el más allá, más vigoroso y con mayor altura, pues hay dos imposibles: darse a sí mismo la vida y quitarse a sí mismo la muerte. Tenemos en nuestras manos no solamente lo bueno y lo malo como ya dados y al margen de nosotros mismos; de nuestras manos sale lo malo de lo bueno y lo bueno de lo malo, lo primero (lo malo, el mal) para combatirlo y lo segundo (lo bueno, el bien) para vivificarlo.

Que la potencia del error y de la dificultad no nos impida

sonreír, que las lágrimas no nos impidan ver el sol, que la vida sea la permanente rectificación de errores; rectificar es de sabios, pero rectificar a cada rato es de tontos. La vida es para actuar bajo la luz de las estrellas y sobre los campos de amapolas, hermoso fuere...

## La polémica entre muerte y vida

Rara vez los pacientes hablan directamente del miedo a la muerte, aunque siempre indirectamente con circunloquios y elipsis. Al final, se quiera o no, siempre aparece para hablar de la vida.

Sin embargo, entre las más groseras mentiras se lleva la palma esta de Epicuro: "el más terrible de los males nada es para nosotros porque, cuando nosotros somos, la muerte no está presente y, cuando la muerte está presente, nosotros no somos; en nada afecta, pues, ni a los vivos ni a los muertos, para aquellos no está y para éstos ya no son". Esta mentira la firma Epicuro, que de tal modo sacude a zarpazos su propio miedo, aunque se le rodee con una aureola de gran maestro. En realidad Epicuro fue mitad farmacéutico que vende calmantes y ansiolíticos, y mitad chef de cocina por su refinamiento gastronómico[55]. ¿A quién extrañará que con semejantes artes sea adorado por la posmodernidad? Comamos y bebamos, que mañana

---

[55] ¡Bien por Ciorán! "¡Qué decepción que Epicuro, el sabio que más necesito, haya escrito más de trescientos tratados! Y qué alivio que se hayan perdido... ".

ni siquiera moriremos, pues la muerte se muere solita y sin deudos, se come su propio no-yo, no muerde en vida, qué cosa tan rara.

Nadie debería mentirle a la parte más viva de nosotros mismos, que es la muerte. El fondo oscuro de la muerte hace resaltar con mayor brío los colores de la vida. Hay terapias banales de de/sensibilización contra ciertos pavores, pero sin coger al toro de la muerte por sus cuernos sólo hacemos faenas de aliño. Siempre tenemos un pie en el psicólogo y el otro en *caritas*.

También defienden las mentiras miedosas de Epicuro quienes las trasladan a sus propios hijos tras de haberlas hecho propias. Cuando los niños descubren el carácter intempestivo de la muerte, los padres suelen tranquilizarlos haciéndoles ver que eso está muy lejos y que no les llegará porque se cansará de esperar. Con ello el psiquismo infantil activa mecanismos de defensa inconscientes, como si la parca sólo segara los pies de los demás, generando un peligroso imaginario de omnipotencia. Lo contrario es la cultura foré de Guinea Nueva Papúa -según el estructuralista Lévi-Strauss, cuya idealización de los "buenos salvajes" no me creo-, donde los niños participan en los funerales donde son devorados los parientes muertos sin que tal experiencia les traumatice porque los adultos participan en estas ceremonias sin carga de angustia.

Entre optimismo (tanatofilia) o pesimismo (tanatofobia) la

mariposa en un campo de estiércol se posará en la única flor que haya, pero la mosca en una pradera de flores sobre la única caca de vaca o similares que encuentre. Cuando alguien desea ser mosca, mejor evitar la excursión campestre con él. Edgar Alan Poe estaba poseído por un miedo insuperable al enterramiento en vida, y eso por no hablar de la reina Juana de Castilla, que estuvo meses velando el cadáver de su marido, Felipe el Hermoso, llevándolo en procesión por los monasterios del reino con la esperanza de que volviera a la vida, a pesar de los muchos cuernos que semejante galán le puso.

La relación vida-muerte convive dificultosamente sobre una delgada arista. A veces estamos más vivos que muertos, y otras más muertos que vivos, siempre abrazados para no caer; unas veces nos aferramos a la vida para no morir y otras a la muerte para no vivir. Se cuenta el siguiente caso, que he leído en varios lugares: aquella niña de tres años necesitaba una transfusión de sangre de su hermano de cinco, que había superado la misma enfermedad y desarrollado anticuerpos para combatirla. El médico explicó al niño la situación y le preguntó si estaba dispuesto a donar sangre para su hermanita. Tras alguna vacilación, el pequeño responde: "bueno, si eso salva a mi hermanita…". Durante la transfusión, echado en la cama de al lado, sonreía viendo retornar el color a las mejillas de su hermana, pero de repente su carita se tornó pálida, miró al doctor y le preguntó: "doctor, ¿cuándo voy a empezar a morirme yo?".

Ese miedo a la donación sin recepción está arraigadísimo en el adulto, tanto que puede empujarnos a robar lo ajeno. Pedro José Prouhon, padre del anarquismo y autor del conocido *Qué es la propiedad,* donde defiende que *la propiedad es un robo[56],* no pudo imaginar que en la reedición de sus obras estuviera impreso el copyright *"es propiedad del autor".* Anarquistas he conocido que luego de la ardorosa defensa del libro citado se acercan un momento al cajero de su propio Banco. Hasta que no se apague, no sabremos si la vela es de cera o de sebo; de momento, para no perder la fuerza del guardar, recoger la fuerza del repartir.

El criterio de demarcación entre vida y muerte es la soledad. A veces el teléfono móvil timbra dentro de los ataúdes, pues el muerto no quiso que se desconectase su móvil: hasta el muerto busca compañía. En vísperas de Navidad, mientras su familia aguardaba para la cena al director del hospital infantil de Managua, al ir a salir sintió que unos pasos de algodón le seguían, se volvió y descubrió que uno de los enfermitos le seguía. Sorprendido y enternecido por la carita infantil ya marcada por la muerte, se acercó a él y rozando su mano musitó: "dile a alguien, que yo estoy aquí". Si tú me llevas contigo, la muerte no me llevará.

Diré más: detrás de la adicción a las toxicomanías, al sexo

---

[56] Cfr. el excelente libro de Iglesias, F: *Pierre-Joseph Proudhon: federalismo y mutualismo anarquistas.* Fundación de Estudios Libertarios Anselmo Lorenzo, Madrid, 2023.

barato, a la angustia, subyace el *pavor de soledad*, de infecundidad y de impotencia ante la muerte. La obsesión por la falta de deseo sexual se relaciona inconscientemmente con la angustia por envejecer y morir. Benito Peral, a quien tanto respeto, escribe en su último libro: "recuerdo con ternura y cariño lo que un paciente mío, fraile él, al que tenía en tratamiento con fármacos antidepresivos, me dijo cuando le pregunté si la medicación le producía efectos secundarios: 'sí, lo que más noto es que me quita deseo sexual'. A lo que, algo socarronamente, le contesté: 'bueno, eso está bien dada tu condición de religioso'. A lo que él respondió: 'pero es que a mí me gusta sentirme vivo y tener que luchar contra la tentación'. Fue para mí una lección de humanidad"[57].

La ansiedad ante la muerte se ve alimentada por la decepción entre quienes no han logrado realizar sus potencialidades. Pero la muerte de un viejo no es el cansancio de la ballena varada; la muerte de un anciano no es una llegada a un pudridero ni un naufragio cuando se han avistado -¡tierra a la vista!- otra tierra, otros cielos, otra nueva creación. Ojalá que a los escépticos no les devoren con sus triples filas de dientes los tiburones ni los alevines de la soledad infecunda. Hoy es mañana, y no un ayer cansado. Poner el foco en este quehacer es el primer paso para sobreponerse a la ansiedad ante la muerte.

---

[57] Peral, B: *Sobre la muerte*. Fundación Emmanuel Mounier, Madrid, 2023.

## La rebelión de los burros

Existen dos tallas de intelectuales bonitos, la *extralarga,* y la *feriada.* Ambas, creyéndose piezas de caza mayor, adoptan unas veces el tamaño venatorio de zorrillos oportunistas y otras el de colmilludos jabalíes, fauna de pícaros a la que Julien Benda desenmascaró en su *Traición de los intelectuales,* espermatozoides alocados por llegar primeros, correveidiles del chisme envuelto en papel de celofán, villanos/cortesanos que como lagartijas reproducen sus rabos cortados.

Vanidosos superferolíticos, corren que se las pelan hacia donde huelan una foto, constitutivo formal de su identidad. A esos intelectuales de baja estofa les interesan más los intelectuales como ellos, entre bobos anda el juego; entrar en el grupo selecto de *laudatores temporis* o aduladores palatinos acostados al sol que más calienta les hace ser más inteligentes y más altos, encantados de auto/conocerse, re/conocerse, darse a conocer. *Think tanks,* viven de lo que piensa la calle, son *hipsters* que luego venden entre cacareos sus pretendidas ambrosías. Ventrílocuos.

Los intelectuales bonitos pululan en la prensa rosicler, en las tertulias de mesa camilla, en las pasarelas, "¡ah, oh, es él, es ella!", paraíso del famoseo y corren como alma que lleva el diablo en pos de portadas. Tiempo para estudiar no les queda, apenas leen las contraportadas de los libros del nuevo santón al que nadie hasta entonces había descubierto, aunque la novedad les dure una semana, el tiempo que necesitan para cubrirlo después con sus propias excretas. El mundo está para ser descubierto por ellos los neístas megalómanos, para vitorear al *habemus popem, habemus papam.* Cuanto supera las cien páginas es un mamotreto con el que no se atreven, pero eso sí, cada una de sus escuálidas ideas vale por todos los libros escritos, incluido el Quijote. Más agustinos imposible, tan *agustín* viven.

Ateos que se creen inmortales, en lugar de morir alcanzan un estado de dormición prebúdica, aunque al comenzar a deshacerse sus propias carcasas vayan al pudridero con sus breviarios de podredumbre. Sus electrizados argumentarios se nutren de afirmar lo contrario de lo que cabría esperar y de parasitar las opiniones ajenas. Ellos hacen como que piensan pero sólo están al acecho de lo que otros dicen para contradecirles y seguir en el candelero; instalados en su negación, no hay en sus cocederos ni una sola idea personal; se presentan como *heterodoxos,* pero son *egodoxos.* Dando la vuelta a los argumentos más sustantivos, los descangallan. Cabalgando –dicen que dialécticamente- sobre los corceles de la antítesis devienen antítesis de sí mismos, pues no hay en ellos diferencia entre ego y superego. La verdad es su negación de la negación, de ahí el entusiasmo con que acogen sus propias contradicciones, pues siendo suyas no pueden ser contradicciones. Ellos, como España: ¡arriba siempre!

Para estos tales, predicar con el ejemplo quiere decir "*te* voy a hacer una *auto*crítica". ¿Dónde está el problema? Mucho alabar *ante mortem* a sus mecenas, y mucho acuchillarles *post mortem* con la misma daga más veces que Bruto a César. Eso sí, cuando besan es que besan de verdad y a ninguno le interesa besar por frivolidad. Sus besamanos son besa/traseros *palabristas, men of words*.

¿Y qué decir de su jerga embolismática, con significantes bodrios abracadabrantes y mágicos que sólo el diablo entiende? En sus disertacione*s* y *conciertaciones* hay que poner cara de póquer como si estuvieras entendiendo algo. Siempre más de lo mismo, *bis in idem*. Entre el núcleo duro del poder y estas sus periferias "críticas" no cabe ni un cabello, respiran por las mismas agallas. Todo puede esperarse de este ganao con cencerro políticamente correcto; hasta el tosco marxismo se convirtió para los intelectuales revolucionarios o *refor/volucionarios* en el latín sagrado, eterno e infalible que, como el burgués de Molière, hablaban en prosa sin saberlo.

En realidad, su mayor mérito radica en su capacidad para liarlo todo, en su confusionismo cósmico, conspirativo, que son la plenitud del vacío, aunque la creatividad que tanto les apasiona no pasa de vender las ideas ajenas como propias con fanfarria y timbales. Bien les echó el ojo Ortega: "este rechazo de la razón es el que favorece la indulgencia de la imprecisión. En cuanto las palabras pierden una conexión estable con las cosas, empezamos a no saber lo que pensamos, lo que creemos, o lo que nos mueve. Que los intelectuales no olviden que quien a palabra mata, a palabra muere".

Pero estos parlamenchines, estos bufones pintureros no sólo matan, sino que rematan con sus ampulosas frases prefabricadas *qui dal cul fanno trombetta* para refrendar definitivamente la plaza que *okupaban* interinamente y así marcar opinión, otra forma de marcar paquete, pero son la voz de sus amos: donde ponen la palabra, clavan la adulación. Del barón de Lampedusa han aprendido que el camuflaje es la última palabra, y que quien más camufla mejor cantinflea.

El deporte que más dominan a fuerza de entrenamiento es el del pedaleo fuerte hacia abajo agachando la cabeza ante los de arriba. Aún así, se creen la *intelligentsia proletaria,* los conspicuos precursores, los admonitores, la vanguardia, eternamente pedísecua de la *ley de la chequera.* Vivían, por cierto, o por incierto, oprimidísimos, pero la muerte del dictador no les pilló con un solo inédito de relieve en la cajonera, ni con ninguna palabra censurada. Vinieron al mundo para llorar por las causas perdidas dando la barrila por lo mucho que fueron perseguidos sin salir de su *turris eburnea* o torre de marfil mientras echaban sus *currí/culos* para lo que hubiera de venir. Al fin

resultó que perdimos los de la *Fai,* pero ganamos los de la *Failange,*
que por cierto éramos los mismos. ¡Qué papelón el de estos
intelectuales invisibles con su anillo de Giges! Si les buscabas entre
los obreros, les encontrabas en la alfombra roja; si entre los
intelectuales, se embutían en el anorak casposo y encabezaban las
manifestaciones con sus revolucionarios eslóganes. *Otan de entrada no;*
*yanqui, go home; libertad para el peatón, abajo las bragas,* lo que fuera, como
las Furias con su pelo rufo, o como F. F. bajo palio.

Amagando y no dando, o dando por donde no debían, en
realidad, se la han pasado presumiendo de lo uno cuando son lo otro
sin ser ni lo uno ni lo otro. Garrapatas al acecho hemos conocido
más dignas. Chaqueteros, cambian sus puntos de vista sin que les
duelan prendas por aquello de que nada cambia cuando ellos mismos
cambian, pues da lo mismo, cansalmas de piñón fijo y de jaculatorias
arrodilladas. Grandes de espíritu, todo les cabe en sus mochilas a
estos mochuelos metafísicos líderes del cantazo en la peana de la
estatua por su mano erigida. En fin, de la semisuma de foto y papel
cuché, de luz y taquígrafos, vanidad de vanidades, helos ahí letrados,
conferencistas, ideólogos, bohemios de salón, contraculturales,
burgueses socialistas de barba florida viviendo mejor que el resto de
los mortales, pues tienen en la adulación su fábrica de billetes, hoy
por ti mañana por mí, y a vivir que son dos días.

Una habilidad no podría negárseles: la de apropiarse de

ideologemas y fecalomas de moscas cojoneras. A estos camarones que no duermen no se les lleva la corriente, que baja turbia, fuliginosa, no importa, ellos acomodan la lengua para saber por dónde viene el alimento, como las iguanas. Saben que no van a pasar a la historia y se contentan con sus historietas de poca monta y a ser posible mucho monto. Lo importante es estar en la procesión y al propio tiempo repicando. Ya vendrán los liberales cual torna la cigüeña al campanario.

Lo más difícil es establecer la jerarquía entre semejantes intelectuales investigadores y pesquisidores detectivescos sin lupa, portavoces de su amo, *abajofirmantes*, intelectuales administrativos y graduados felpudos. Como fuere, constituyen un grupo creciente de "expertos en miserias" que desprecian cuanto ignoran acomodados a sus nichos e intersticios cual máquinas burocráticas para diseñar currículos.

De su endogamia no cabe la menor duda pues, aparentando ferocidad en sus degollinas, siempre están ahí en primer plano cosidos unos a otros como en los *castellets* catalanes, donde la caída de uno arrastraría la de todos. El pegamento o engrudo que los une puede ser cualquier cosa que confiera estatus. Buscando ser la guinda trepadora de cada castillito, intelectuales orgánicos del mismo, pensadores, ensayistas, mandarines, diletantes, legitimadores, moralistas[58], ¡cómo os lo montáis!

---

[58] Miguel, A. de: *El poder de la palabra. Lectura sociológica de los intelectuales en Estados Unidos.* Editorial Tecnos, Madrid, 1978, especialmente el capítulo tercero: "El teatro de las ideas", pp. 67 ss.

Todos comparten la ley del canto rodado sobre el agua tranquila. Agarras una piedra plana, la lanzas a una cierta altura, y la ves saltar como rana provocando círculos concéntricos en el agua hasta que los botes cesan y se diluyen, pero los botarates quedan. Comen comas, viven en estado de coma con un pequeño toque cartesiano; *como pienso, luego existo*, frase a la que falta la coma (como, pienso. Régimen cuartelero de intelectuales chusqueros. De todos modos, "se hace cuesta arriba vivir de algo en lo que se ha dejado de creer, más aún, de algo a lo que moralmente hay que atacar. Esta es la tragedia de tantos intelectuales sedicentes de izquierda, redimir la sociedad a través del poder de la mentira"[59]. Sin ir tan lejos, no pocos antimilitaristas españoles recibieron una beca de Estados Unidos y se convirtieron en furibundos defensores de las bases militares americanas en cualquier parte del mundo. Cuántas vocaciones desertadas, cuántas equi/vocaciones en tantos colectivos con el pasar de los días y el pesar de la próstata, ¿verdad, los mis socialistas empresarios?

Nada impide que este conjunto de personajes patéticos sea celebrado como si de los cuarenta principales se tratara: esos distinguidos, premiados, laureados, alimentados en el Pritaneo cual intelectuales prestigiosos y connotados, cortoplacistas, calafatean las naos cargadas de céfiros del presente, y siempre vuelven al mismo

---

[59] *Ibi,* p. 144.

circo mediático, como la puerca lavada al vómito. La gente busca sus firmas prestigiosas más que el contenido de sus producciones, sus rostros más que los argumentos de sus películas, la parte por el todo, la cultura como metonimia. Todos los mandarines comen las mismas mandarinas, y todos los validos son válidos, todos son jenízaros, cristianos renegados al servicio directo de los sultanes turcos. Bien merecen el calificativo que el añorado Amando de Miguel les atribuyó -con su proverbial capacidad analítica- de *intelectuales flotantes*[60].

La cruel realidad es que estos nihilistas escasos, falsos profetas engañabobos filisteos, tras haber bramado contra la religión, contra la fe, contra la esperanza y contra toda allendidad, han mimado hasta el ridículo la flor de su propio palmito. Se habían pasando la vida dando la tabarra de no creer en nada, de rechazar la eternidad, de pedir quinientas veces en sus rosarios laicos la muerte de Dios, la nulidad del hombre y la dictadura de Satanás, pero su *yosito* que no lo tocasen. Eran o se presentaban como agnósticos, pero acaparaban todos los dogmas de fe en el panteón de todos los dioses o corralón de todos los muertos. A decir verdad, sus ritos taurobólicos, su teología egológica, supererogatoria, les eleva a los altares votivos apologéticos con busto propio, aureola y ramas de laurel en las postrimerías de su fama. Han falseado su vida para fabricarse un

---

[60] *Ibi*, p. 135

"aquí yace Ego, prócer de esa humanidad que nunca estuvo a su altura". Todo un complejo de Moisés: bajar del Sinaí con las Tablas de la ley en la mano. En realidad se trata de grandes creyentes en la pequeñez de su fuerza, pobres comparsas y diablillos. Han tenido engrilletada y cautiva a una audiencia dispuesta a aplaudir cuanto le echaran, memez en cuyo barco todos navegan, unos en camarote de lujo y otros como pinches fogoneros. Analfabetos funcionales, pero locuaces, sus palabras las carga el diablo.

Firmo y rubrico este panfleto exhortativo con más ringorrangos que un notario y con más entorchados que un portero de hotel de muchas estrellas.

## ¿Locura de Dios? ¿Omnipotencia, o impotencia?

Para mí esta cuestión, lejos de enloquecerme, me pacifica. Con permiso. ¿Qué pasa con el carpintero José, padre de Jesús, y con la maternidad de María? Seguramente tuvieron sus más y sus menos en las circunstancias en que vivieron, nada fáciles y contracorriente. No sé por qué los evangelistas se callaron tanto al respecto, pero tampoco me importa gran cosa, casi me parece cotilleo teológico. ¡Y fíjate si además no fueron una familia burguesa como es debido! Me encanta la teología de Carlos Mejía Godoy y los de Palacagüina: "yo creo en ti, Cristo obrero, unigénito de Dios, que para salvar el mundo en María se encarnó, creo en vos arquitecto e ingeniero, artesano carpintero, albañil…".

b) Según mi menguado gusto estético, el bodrio melifluo que para católicos constipados se nos relata con los reyes magos y todo eso de la mula, el buey y el oro, el incienso y la mirra, como si los reyes fuesen contrabandistas, es "demasiado Belén", y me encoge el corazón. Además, ¿qué haría Jesús con el oro, por favor? Seguramente le pareciese un regalo de mal gusto, y lo del incienso ya ni te cuento. Lo de la mirra no está tan mal... Demasiados relatos paidocéntricos para creyentes adolescéntricos, literatura para católicos de ancho cuello y escasa cabeza; tampoco me gustan los antropocentrismos en general como el de Feuerbach. Menudo Bobo de Coria sustituyendo el amor divino por el amor humano, pretendiéndose arroyo de fuego sin dar siquiera la talla de arroyo de canalejas, patria de todos y matria mía porque todos somos de Canalejas del Arroyo. Qué poco me gustó dar aquella conferencia de Navidad a los franciscanos de Guadalajara, pero qué mucho en varios lugares el pregón de Navidad, que es el Emmanuel vivo con nosotros medio muerto apenas nacido, y no la sección de regalos de El Corte Inglés.

Como puede verse, no tengo demasiado interés por los evangelios de la infancia del Niño, aunque me resultaría de mucho provecho —y lo digo respetuosamente, claro está- entender la psicología evolutiva de un infante con dos naturalezas, divina y humana, en una misma y única persona. Qué magníficas interpretaciones, en todo caso, para Freud o para Piaget. No sé si en algún momento el adolescente Dios estaría él mismo hecho un lío respecto de su propia condición. Imagino que el adolescente Jesús se tomaría a sí mismo su crecimiento con cierto humor, me hubiera encantado ver qué cara ponía al mirarse al espejo como pimpollo que era ante sus granos de adolescente, eso suponiendo que tuvieran espejo en casa. Si el divino adolescente no hubiera ensayado su propia autocomprensión por vía de humor y de eutrapelia, tampoco sé cómo hubiera podido crecer en el amor, que tanto da que sufrir.

c) Sí que me hubiera encantado conocer los evangelios del adulto Jesús currante, carpintero que sabía lo que iba a sucederle antes de echarse a predicar por los caminos: ¿cómo manejaría su garlopa mientras fabricaba muebles para los demás, y junto con ellos el madero para su propia crucifixión, la suya, para evitar la nuestra? Me encantaría tener un mueble salido de las manos de Jesús; seguramente era un buen carpintero, mucho más que los teólogos/pájaros/carpinteros que aún no han dado con la fórmula del mueble ideal, a saber, un buen confesionario.

En lo que a mí se refiere, lejos de haberle ayudado a cargar con su cruz como cirineo, le hubiera sobrecargado con la mía, si es que no le hubiera delatado antes que san Pedro delante de los fariseos para salvar la propia pelleja. ¡Le he negado y renegado tantas veces! ¿Yo Carlos Cuesta Cruz? Ni me lo imagino.

d) Dicho lo cual, y por entrar más en harina, parto modestamente del principio de omnipotencia divina desarrollado por el franciscano Guillermo de Ockham en el siglo XIV: Dios Padre puede cuanto quiere y cuanto quiera. Quien no acepte la omnipotencia divina, aunque esté en su pleno derecho, se hará un flaco favor a sí mismo pues, al no creer en el poder omnímodo de

Dios, quedará también sin amparo y a la deriva en un cosmos sin rumbo, sin algún alguipotente, muchipotente u *omni/impotente*.

Casi con la fe del credo de Maimónides, creo que Dios podría incluso desdecirse de lo dicho, dar la vuelta en U a su creación, rehacerla o deshacerla, y poner patas arriba todos sus mandamientos. Si algo no lo pudiera, Dios no sería mi Dios. Su poder sobre mí, obvia decirlo, es principio y fin de todas mis cosas.

Más aún, creo que -cansado de tanta y tan ingrata irresponsabilidad por parte de sus desagradecidas criaturas- podría abandonar voluntariamente su oficio de Dios después de haberlo ejercido eternamente. ¿Podría Dios dejar de ser el Dios del Amor y enviarme directamente de patitas al infierno? Podría, claro, dada su omnipotencia. Incluso si, renegando de sí mismo, quisiera Él dejar de ser el Ser que es en favor del No-Ser, podría desde ese su no-ser volver a ser Dios. El nihilismo o a/teísmo absoluto dominado por la nada me resulta ininteligible, no lo contemplo; la nada no nadea, no es nada. En lo que sí creo es, como la cábala judía, en un Dios que se retira y deja un espacio para nuestra libertad mientras espera. Pero qué difícil debe ser también la paciencia de Dios ante el mal...

*Fiat voluntas tua sicut in terra et in coelo et in saecula saeculorum, amen, amen.* Me gusta aquello que se atribuye a Einstein: *Gott würfelt nicht*, Dios no juega a los dados con la creación. Si Dios la despreciase arrepentido por la conversión del Edén en Sodoma y Gomorra, la entera creación se quedaría sin razón de ser. Pese a mi quizá excesiva islamofobia, me encanta esto del islam: la *sumisión* incondicional a la voluntad de Dios, como antes lo fueron el sí de Abraham o el *fiat* mariano, el hágase en mí según tu palabra; cielo y tierra pasarán, mas tu palabra no pasará. Y si los humanos tienen derechos humanos es porque Dios mantiene erguido su tabernáculo para todos nosotros, creyentes y no creyentes: Dios es el primer creyente porque cree en nosotros antes de que nosotros hayamos creído en Él. ¿Derechos humanos sin derechos divinos? No, gracias

El mal con el que convivo y al que presto mi ayuda es un escándalo de tal magnitud, que sacude los cimientos de mis pies de barro. Más que mi mal, no logro procesar el sufrimiento de los inocentes y el poder del injusto sobre la faz de la Tierra. Aunque profesor de Teodicea, esto nunca pude entenderlo; menudo papelón el mío explicando una asignatura que no comprendí jamás. Pero mi fe en la voluntad de Dios es tal, que confío en entender alguna vez sus razones tras la hora de mi muerte: la verdadera verdad es escatológica, ahora sólo la tenemos *per speculum et in enigmate*.

Inmerso hasta las cachas en el misterio de iniquidad, vivo convicto y confeso de que, aunque Dios *pudiera no querernos*, no creo que *quisiera no querernos*. Ante esos dos atributos operativos de Dios, el querer y el poder, cuanto más ejercito mi *noluntad* -voluntad de decir *no* a Dios- tanto más penosa me parece. Incapaz de ser mejor, sólo me queda vivir de la misericordia de Dios, Señor mío y Dios mío.

Si he de ir al infierno cuando Dios lo quiera, Dios no lo quiera, iré aferrado de la mano de Jesús. Nunca me desasiría de ella ni se la soltaría, al modo de Jacob, durante la lucha entre su último Sí y mi último No. Él haría un poder frente a mi no querer poder para que pueda poder. Una vez en el infierno estaría seguro de que Jesucristo suplicaría a su Padre —cuya voluntad ha venido a cumplir- que me salvara contra toda razón (Dios es el bien, no meramente el ser), que me amase como a un hijo pródigo y, olvidado de mí y de mi trato con los cerdos, echarme en sus brazos. Sólo por esa parábola siento que Dios no quiere dar un no consecuente que contradijese su amor antecedente.

## Hartos de sangre: menos halloween y más santidad

Ruego a modo de prólogo galeato que no se me condene antes de comenzar a escribir sobre el presente asunto, y que se me conceda al menos el mismo crédito que a los medios de comunicación, cuya dedicación al tema es omnipresente. No acepto que como católico se me relegue a la sacristía, ni que se me calle la voz de soldado raso de la institución católica, ni que me hagan aceptar la voz de su amo hegemónica en la España laicista. Muchas gracias.

Difícilmente se hallará en cualquier religión peor escándalo para los fieles que el de la pederastia. Soto tantos botones de la sotana de algunos perversos se abría la voracidad patológica del predador verde y viscoso devastador. Invito –y que cada palo aguante su vela- a que hagan lo propio con sus miserias favoritas quienes debelan la monstruosidad que tanto parece horrorizarles en los demás, y a que miren debajo de su propio felpudo y de su propia alfombra, pues hay mierda para todos después de haber endosado a cada uno su parte alícuota, y a que dejen hablar por sí mismas a las cifras de víctimas, las que fueren, que no las hinchen ni deshinchen, que el miserable escándalo social no embosque el propio escándalo personal.

Hoy se puede hablar de todo lo religioso, sobre todo si se habla mal, aunque exista grave fundamento para ello. Pero qué, si la inquisición católica que aún sigue a trancas y barrancas ha sido sustituida por la inquisición laicista, que ha crecido exponencialmente. Algo que lamento sobremanera por los curas, monjas y laicos que han entregado sus vidas generosas y que siguen dándola abnegadamente por los demás en los lugares más remotos de la Tierra, sobre los cuales caen inmerecidamente todo tipo de sospechas aprovechando que el río Pisuerga pasa por Valladolid. Entre caino/abelitas, tendremos guerra, posguerra y pertinaz sequía para rato, memoria histórica y memorial histérico.

Me complace traer a colación este texto inédito de Francisco Cano, un digno sacerdote entre los emigrantes más pobres: "vivimos una encrucijada que presenta como síntoma general la desafección y, dentro de este mal de nuestro tiempo que se caracteriza por el narcisismo, el individualismo y la autosuficiencia, también la desafección de la Iglesia católica es un hecho creciente. Y aquí no se trata de poner parches, sencillamente se abandona la institución. A muchos la Iglesia no les aporta nada, ni su ambiente comunitario, ni sus prestaciones, ni sus celebraciones: la oferta no les interesa.

Tenemos el mejor producto, la fraternidad, y la peor estrategia, de marketing, ya que el consumismo y el narcisismo chocan directamente con los modelos que promueve la Iglesia católica, y esta no puede competir con las costosas campañas publicitarias de imagen. Pensemos también en los contrastes que se han vuelto más patentes en los últimos tiempos en relación con la moralidad de ciertos comportamientos sexuales, etc. ¿Tiene cabida la oferta de fraternidad? Si no se ha hecho siquiera inicialmente la experiencia de Dios, que libera de la soledad, la desesperanza y el miedo, ¿cómo entender la fraternidad como el compromiso radical de la fe? Cualquier título de superioridad que se introduzca sobre los otros va contra la fraternidad. En la Iglesia no debería haber títulos, prerrogativas, honores, escalafones ni dignidades, ni méritos adquiridos, ni aspiraciones de grandeza, de poder, ni maestros, ni tampoco "padres"; nadie tiene que imponerse desde arriba sobre los demás. Pero en la Iglesia no hay meros igualitarismos: hay diversidad de carismas y ministerios.

Jesús nunca prohibió la libertad para pensar y decir lo que se piensa. ¿Dónde están estos hombres y mujeres cristianos que actúan así, a qué se debe la desafección de la Iglesia? Tenemos dirigentes que no hacen lo que dicen; defensores de un orden de vida desordenada; declamadores de justicia al margen de lo que es justo; educadores cuya conducta deseduca; reformadores incapaces de reformar su propia vida; revolucionarios que no se plantean transformar radicalmente sus vidas; padres y madres que no son ejemplo pero gritan que el momento político que estamos viviendo es escandaloso; corruptos que se aprovechan de sus cargos de privilegio para su propio beneficio o el de sus amigos o familiares.

Jesús pide a sus discípulos que sean coherentes y censura la vida de aquellos dirigentes religiosos que 'no hacen lo que dicen' y 'ponen cargas a los demás'. Hay que discernir entre lo que es propuesto y lo que es impuesto; el respeto que merecen los demás nos pide no engañarlos aparentando y mostrando lo que no somos. Nosotros estamos llamados cada día a dar testimonio de quién es el verdadero Señor de la historia y qué debemos hacer los seguidores. Hemos sido llamados a vivir ahora lo que estamos llamados a vivir para siempre. Lo importante es el substantivo 'hermano', lo demás son adjetivos que se pierden con el tiempo, ser hermano es para siempre: construir ambientes de fraternidad, de encuentro, de inclusión y colaboración donde se escuche y se acompañe, sin pretender tener siempre la razón, comprendamos los motivos de los demás, y conectemos con su mente y su corazón. Seamos sinceros, no busquemos grandes manifestaciones y librémonos ya de la ley del número y del '¿cuántos sois?'. En cuanto a los predicadores de palabras hermosas, menos palabras y más ejemplos. Necesitamos maestros de vida, creyentes convincentes, cordiales, sinceros, que desintoxiquen la Iglesia contaminada. Hemos sido llamados a vivir como hijos y hermanos para siempre. Nadie se puede apropiar en exclusiva el título de hermano, se nos ha dado a todos gratuitamente como hijos del mismo Padre".

Suscribo agradecido estas palabras selladas con la vida de su autor, Francisco Cano. Por eso pido que caiga la ira sobre los pecadores, si así lo necesitan los puros, o al menos la justicia y la reparación severas en cuanto sea posible, y ello sin impurificar el corazón de los más amigos del perdón; y, del mismo modo, que agradezcamos la vida de los mejores, como también nosotros queremos reconocer sus propias vidas mejores, que veneramos. Pido, pues, en nombre de la reconciliación de la memoria histórica, que seamos capaces de reconocer y loar personal y comunitariamente, aunque no institucionalmente, a los muchos buenos, a todos los santos en el buen sentido de la palabra santo, y que ningún *halloween* borre su ejemplaridad. Que por encima de los *laudatores et denigratores* patrióticos, de la patria que fuere, sea bendito el nombre de quienes dan su vida por la *matria* de todos, es decir, por la belleza, por la justicia, por el perdón y por la dignidad de los pueblos y de sus habitantes. Demasiada sangre en *halloween*, no me encontrarán en sus procesiones. Hay que lavar la sangre de los corderos violados, pues la sangre con más sangre no se cura. ¿O es que todavía no tenemos bastante con los corderos degollados de las guerras?

## La imparcialidad es un sueño, la honradez un deber

En fin, la polémica más difícil de superar se da entre el sueño de la imparcialidad y el deber de la honradez. Camilo Berneri escribe a Federica Montseny, anarquista y sin embargo convertida en ministra de la segunda república española: "en el discurso del tres de enero tú decías que 'los anarquistas han entrado en el gobierno para impedir que la revolución se desviase y para continuarla más allá de la guerra, y también para oponerse a toda eventual tentativa dictatorial, sea cual sea', pero en abril, después de tres meses de experiencia colaboracionista, estamos en una situación en la cual suceden graves hechos y se anuncian otros peores. Hora es de preguntar si los anarquistas estamos en el gobierno para hacer de vestales a un fuego casi extinguido, o para servir de gorro frigio a politicastros que flirtean con el enemigo"[61]. Pues ningún anarquista está por encima de la tentación del poderío.

El martes 13 de diciembre de 1933, "en *Ábalos*, a las cuatro de

---

[61] Berneri, C: *Humanismo y anarquismo*. Carta abierta a Federica Montseny, 14 de abril de 1937. Los libros de la Catarata, Madrid, 1998, pp. 138-144.

la mañana del sábado, se oyeron en las calles voces de que *se* había proclamado el comunismo libertario y varios disparos. Los grupos de rebeldes se dirigieron a casa del secretario del Ayuntamiento disparando varias veces sobre la fachada y rompiendo algunos cristales y, después de coger cinco carneros del marqués de Legarda, desaparecieron con dirección a San Felices y luego al castillo de San León. En Briones la camioneta de Laredo que surtía de pescados a varios pueblos riojanos y a alguna pescadería de la capital fue detenida por el Comité revolucionario al hacer entrega de parte del pescado por valor de 500 pesetas porque había sido declarado el comunismo en toda España. En San Asensio se leyó un bando en el que se decía que, implantado el comunismo libertario, se verificaría el reparto de propiedades y objetos cuando se hiciera de día. Penetraron también en el Ayuntamiento donde, apoderándose de cuantos documentos existían en el archivo, hicieron una hoguera, salvándose únicamente la *Enciclopedia Espasa*. En Arnedo los madrugadores vieron ondear en la Casa Consistorial la bandera roja y negra, y leer algunos pasquines en los que la CNT solicitaba la ayuda del elemento trabajador y declaraba el estado revolucionario en toda España"[62].

¿Revoltosos? No, mire, no. Era su deber y no cabía la imparcialidad. Quien para dar de comer a sus hijos roba al ladrón

---

[62] *8 de diciembre de 1933. Insurrección anarquista en La Rioja.* Textos recopilados por Enrique Pradas Martínez. Cuadernos Riojanos, Logroño, 1983, 173 pp.

tiene cien años de perdón. A nadie se le ocurre comenzar una revolución robando gallinas al estilo de El Cordobés o de El Lute, pero calificarles de ladrones merecería un tiro en el pie. Aquellos militantes valoraban la cultura contenida en el *Espasa* como un lujo sublime. Además, el tono y la profundidad que las defensas del proletariado militante manifestaban ante los tribunales del Ministerio Público estaban llenas de dignidad revolucionaria: "estamos ante un problema de psicopatología de las muchedumbres. Las muchedumbres no delinquen, como afirmó Gustavo Le Bon y glosado, mantenido y afirmado por aquella venerable mujer que se llamó Concepción Arenal y otros grandes penalistas. Las multitudes no pueden delinquir dados sus actos de irreflexión, sin que ninguno de sus componentes pueda sumir la íntegra y total responsabilidad del acto realizado. Estos procesados de hoy tuvieron aquel día una voluntad que los sojuzgó. Hubo casos de alzamientos de pueblos fácilmente comprensibles, como aquello que Lope de Vega dejó escrito respecto del gran tirano Fernán Gómez, que apareció muerto en su propio domicilio, del que se juzgó a un pueblo, que hubo de ser absuelto por no encontrar al responsable. Respecto a la participación en los hechos de cada uno de sus defendidos, sus acusaciones han quedado desvirtuadas en el acto del juicio: 'si estos hombres sienten necesidad de hartura de justicia, que la encuentren en este Tribunal que ha de juzgarles'"[63]. A los viles excesos de los jueces y fiscales

---

[63] *Ibi*, Diario *La Rioja*, 9 de enero de 1934, pp. 30-31.

acusadores no se debe responder con el "entre todos la mataron y ella sola se murió"; que cada palo aguante su vela, pero eso sí: la imparcialidad es un sueño, la honradez un deber.

¡Cuánta burrería! En la causa instruida por los sucesos anarco/sindicalistas de Calahorra el señor fiscal se arremanga la toga y sentencia: "habría que analizar el comunismo libertario para ver si existe la posibilidad de que exista en España. Yo creo, como dice Ossorio Gallardo, que se trata de una amalgama funesta, pero sin trascendencia alguna. Pedro Gurrea es cabecilla y organizador del movimiento anarquista, a pesar de sus manifestaciones de que no sabe leer ni escribir, aunque eso no fuera obstáculo para que, en su calidad de presidente del Comité, firmara la comunicación antedicha, avalada con el sello del Sindicato. Este es el hombre de orden, como él nos ha dicho, que aconsejaba a sus compañeros siempre la no intervención en movimientos subversivos"[64]. Una vez más, me avergüenzo de saber leer y escribir como el togado, y me hubiera encantado volver al pasado para así dar un gran abrazo al anarquista analfabeto. Qué más quisiera yo serlo urgido por la libertad, la igualdad y la fraternidad.

---

[64] *Ibi*, 11 de enero de 1934, pp. 37-38.

## Guerra en el ascensor

Pues nada, que esta soleada y agradable mañana me decidí a visitar a un editor en su céntrico hotel; de paso hacía piernas para combatir el exceso de peso, sin animarme a subir a pie las escaleras porque el citado editor ocupaba una habitación en el piso 22. Caminando como lo hago casi como el detective belga Hercule Poirot, es decir, a saltitos y con pasos muy cortos, me puse buenamente a la cola del ascensor y tras unos segundos de espera que al parecer se estaban haciendo demasiado largos al público, entramos casi en tromba, atropelladamente a pesar de la amplitud de aquella caja metálica.

Todo normal hasta aquí, pero ¿quién hubiera podido imaginar el sucedido que a renglón seguido iba a acontecernos a los embutidos en el inocente cajón? En efecto, cuando aquel tipo le dio al piso 19 y a medio camino antes de alcanzar su destino apretó el botón 25, y antes de ello apretó el 9 todo ello sin solución de continuidad y no dejando que los compañero de viaje pudiésemos pulsar nuestro botón, aquella su compulsión en catarata comenzó a devastar la salud mental de los pasajeros.

De nada sirvió que uno le agarrara la muñeca, antes al contrario sirvió para enfurecerle y sacar un puño al modo Ruiz Mateos sobre el ojo de quien osó paralizarle. El aire escaseaba, los minutos pesaban como horas, y aunque ninguno padecía de claustrofobia, no pocos comenzaron con las lipotimias, los sudores, los ahogos y los rostros macilentos, incluso en algunos casos la alteración de la personalidad, pues aunque en la mesa y en el juego se conoce al caballero, ahora estoy en condiciones de afirmar que eso ocurre sobre todo cuando el ascensor se vuelve loco y tú cabalgas el ojo del ciclón.

Finalmente los heroicos bomberos pudieron excarcelarnos (el ascensor tenía forma de jaula) deteniendo abruptamente su alocado bamboleo con todos nosotros dentro, atrapados entre dos pisos sin puerta alguna por la que escapar. Y luego todos entre el temblor y la alegría jubilosa.

Por mi parte, en mi condición de psicólogo de urgencia trate de apaciguar a nuestro apanicado personaje, pero costó dios y ayuda calmar su exacerbada ansiedad. Al día siguiente en la consulta me confesó padecer lo que él llamó *síndrome axiológico de ascesor*, en cierto modo similar al del equilibrista que siente perder pie en la delgada arista de su vida y necesita cambiar de asidero en plena trayectoria a cada cinco pasos, que es cuando aprieta un nuevo botón para cambiar de destino. Hoy quiere esto, al ratito lo contrario y al ratito del ratito lo contrario de lo contrario. En el fondo tiene pavor a la vida, al aterrizaje, al camino teleológico conforme a metas viviendo así en la cuerda floja ansiolítica, contagiosa en determinados momentos. Su vida es un no poder parar tranquilo porque sus testes *en ascensor* le alteran hormonalmente.

Me recuerda a aquel viajero con horror a las alturas al que el taxista preguntó a qué altura de la calle caía el número de la calle, a lo que el viajero, como un resorte, respondió: "so canalla, como se eleve un palmo por encima del suelo lo mato ahora mismo".

Estamos tratando de ver si podremos reconducir su patología hacia algo útil; en principio vamos a probar a llevarle conductistamente al Parlamento, que es como dijera Pío Baroja en *Aurora Roja* una jaula de monos muy compleja donde el continuo mutar y agitarse convierte en estrellas a sus señorías: "-¿Vosotros habéis visto la jaula de monos del Retiro? Pues una cosa parecida. Uno toca la campana, el otro come caramelos, el otro grita... -¿Y el Senado? -¡Ah! Esos son los viejos chimpancés, muy respetables".

Experiencia tan cruda dejará huella en todo su ser, desde luego también en su memoria, pues no le bastará para evitar los malos recuerdos cortar de la foto a quien ahora su le cae mal, sobre todo si se ha dejado su hombro dentro. Pero se hará lo que se pueda, ¡no vamos a arrojar la toalla en un libro sobre polémica

Este libro se terminó de imprimir en febrero de 2024